SV

Ulf Erdmann Ziegler
SCHOTTLAND
und andere Erzählungen

Suhrkamp

Erste Auflage 2018
© Suhrkamp Verlag Berlin 2018
Alle Rechte vorbehalten, insbesondere das der Übersetzung,
des öffentlichen Vortrags sowie der Übertragung
durch Rundfunk und Fernsehen, auch einzelner Teile.
Kein Teil des Werkes darf in irgendeiner Form
(durch Fotografie, Mikrofilm oder andere Verfahren)
ohne schriftliche Genehmigung des Verlages reproduziert oder
unter Verwendung elektronischer Systeme verarbeitet,
vervielfältigt oder verbreitet werden.
Satz: Greiner & Reichel, Köln
Druck: Pustet, Regensburg
Printed in Germany
ISBN 978-3-518-42826-9

Schottland und andere Erzählungen

In Erinnerung an Michael Rutschky

So nah sie sein mag

Ungefähr so: mit festen Schuhen, einer weit ausgestellten Filzhose, einem indischen Hemd und einem algengrünen Strickpullover – ein rundes Gesicht und sehr kurze Haare, die nach oben standen. Die Augen nicht zu hell und nicht zu dunkel, mit einem perlmuttartigen Glanz, einem rätselhaften Punkt, der in ihnen wanderte, je nachdem, woher das Licht kam.

Im Moment kommt das Licht durch die hohen Fenster eines Raums, der auf einen lieblos begrünten Innenhof hinausschaut, was ich aber nicht sehen kann, denn ich sitze, wie sieben oder acht weitere Studenten, mit dem Rücken zum Fenster, während sie in der Reihe gegenüber eine Art Büro eröffnet hat, mit drei Büchern, einer schweren Kladde, die aufgeschlagen daliegt, und wenn ich es richtig erkennen kann, ist das, was schwarz in der Mittelfalz ruht, ein echter Füllfederhalter; obwohl mir dieses Wort in dem Moment unwahrscheinlich vorkommt. Ich beschreibe, still und für mich, wie sie aussieht. Und wie sie spricht. Und was für Bewegungen sie macht. Ich suche nach Worten, um herauszufinden, was an ihr Besonderes ist. Und ob es wahr ist.

Ich bin neu an dieser Universität, von der die jungen Studenten sagen, sie sei viel zu groß und unübersichtlich. Ich aber habe einige Jahre im Beruf hinter mir und fast ein Jahr auf Kreta. Ein Aussteiger wäre ich geworden, wenn ich nicht im September 1983 drei Wochen ein Haus betreut

9

hätte, wo es nur darum ging, in der Pause zwischen den Sommermietern und der Rückkehr der Eigentümerin den Garten zu erhalten in seiner vollen Pracht, was leicht sein sollte, aber in Wirklichkeit schwierig war. Dies war kein Bungalow in Strandnähe mit Fernseher und Schmöker-literatur, sondern ein Haus in den Bergen, vierundfünfzig Bücher auf einem einzigen Bord; Bücher, die vielleicht zufällig abgestellt worden waren, für mich aber das Welt-wissen zu enthalten schienen. *Im Zeichen des Saturn* hieß ein Buch, in dem geschildert wurde, wie bestimmte Denker denken. Sogar, wie sie auf Fotos aussehen. Deswegen war ich nach West-Berlin zurückgekehrt.

Sie macht keine übertriebenen Gesten, wenn sie spricht, und ihre Stimme hat gar nichts Borstiges, so wie wahr-scheinlich dieser Mecki, über den ich gern mal mit der Hand fahren würde, mit der linken vielleicht, weil die rezeptiver ist. Ich schaue ihr zu, wie sie spricht, aber verpas-se, was sie sagt. Als ich wieder dabei bin, scheint es um die Definition eines Begriffs zu gehen, und ihr Beitrag endet mit den Worten: »... was er eben meinte, als er schrieb: die einmalige Erscheinung einer Ferne, so nah sie sein mag«, und ich denke, ist es nicht andersherum, dass sie nah er-scheint, obwohl sie weit weg ist? Fünf Meter fünfzig bis fünf Meter siebzig, von meinen Augen bis zu ihren, wenn sie gerade sitzt, so wie jetzt. Schätze ich. Ich bin Kamera-mann gewesen.

Es gibt Seminare mit hundert Teilnehmern, mit achtzig, fünfzig, zehn. Wie viele sind wir, fünfhundert insgesamt oder fünfhundert in einem Semester? Ich sortiere die Mäd-chen im Schnelldurchgang, mein inneres Auge stellt eine jede vor einen weißen Hintergrund. Ich speichere zwei oder drei Takes und gebe ihnen Archivnamen: die Drollige, die

Strickerin, die Diva. Solche mit kurzen Haaren sehe ich mir aus der Nähe an, wenn die Gelegenheit kommt. Da ist die blonde Schwäbin mit der Stirnfalte, die mit funkelnder Stimme makellose Sätze spricht; da ist die wendige Bleiche mit der schwarzen Bürste, die sich an der Universität in Bamberg gelangweilt hat; eine selbstsichere Drahtige mit schmalen, schnellen Augen, die Claudia heißt. Plus die mit den Filzhosen und dem grünen Pullover. Übrigens, der grüne Pullover hat vorn ein rotes Karo. Claudia kennenzulernen stellt sich als leicht heraus. Sie ist klug und elegant und lesbisch.

Wer sich in West-Berlin verbessert, behält die alte Wohnung und gibt sie weiter an Freunde, Geliebte oder Kollegen; die Mieten sind gering. So bin ich an diese Höhle gekommen. Ich bin zwischen sechs und sieben am Abend zu Haus, hole Kohlen aus dem Keller, schließe die Tür zum Treppenhaus hinter mir und mache sie vierzehn Stunden lang nicht wieder auf. Ich lese alles, was ich muss, und die kretischen Bücher. Diese habe ich komplett gelistet. Ich kaufe mir jede Woche eins, das reicht für ein Jahr. Jedes lese ich von vorn bis hinten und mache Anmerkungen, übertrage Sätze auf Karteikarten, und wenn ich durch bin, blättere ich noch einmal hinein und suche nach meinen großen Fragezeichen am Rand. Wo Fragezeichen stehen, beginne ich mit dem Absatz zuvor, mache nicht Halt und nehme zwei oder drei weitere Absätze mit. Ich glaube diese Methode erfunden zu haben. Wenn man das zweimal wiederholt, kann man die unverständliche Stelle nahezu auswendig, und sie ist dann nicht mehr ganz so unverständlich. Die Abende sind ungeheuer dunkel und schwer. Manchmal grüble ich, warum ich so lange gebraucht habe, um herauszufinden, dass ich das wollte: richtig lesen.

Ich kenne dieses West-Berlin wie keiner meiner Kommilitonen, die Rathäuser der Bezirke, die Garderoben der Theater, die Kühe von Frohnau. Das kommt durch meine Lehre beim SFB, das volle Programm von Nachrichtenschnipseln bis zu einstündigen Features, Politik, Kultur, Sport. Unterwegs in VW-Bussen mit der kompletten Technik; parken, schleppen, aufbauen, auf die Redakteurin warten; filmen, abbauen, schleppen.

Aber was heißt schon kennen. Diese Stadt ist voller schwarzer Spuren, wie eine blasse Farbfotografie, die mit dem Kohlestift überarbeitet wurde. Die Schwärze sinkt von den Dächern über die Brüstungen der Balkone in die Sockel der Mietshäuser und versickert im Boden. Nein, sie versickert nicht wirklich. Man geht auf ihr, auf diesem ungewissen, unscharfen Schwarz, das alles grundiert, die Lichter dimmt und die Reflexe stumpf macht. Es gibt zwei Methoden, sich zu wehren: Die jungen Männer spucken ihren Halsschleim anderen Leuten vor die Füße. Die Hunde scheißen auf diese Stadt, falls es eine ist, im 24-Stunden-Turnus. Aber das macht mir nichts aus.

Claudia geht aufrecht, trägt keine Mütze und hat den roten Schal nur locker um den Kragen ihres Mantels geworfen. Es ist fürchterlich kalt, und ich bin zu früh aufgestanden. Die Vorlesung im Klinikum Westend beginnt morgens um sieben. Jetzt ist es acht Uhr, und wir sind auf dem Weg zum Bus. Claudia sagt, ich solle mich nicht krümmen, davon werde es nicht wärmer. Ich versuche zu gehen wie sie, was auch besser aussieht, denn sie ist etwas größer als ich. Wir suchen heute nach Worten. Der Professor hat über Depression gesprochen und das letzte Stadium mit einem Videofilm illustriert. Die Patientin sitzt in der Ecke eines Raums und bewegt sich überhaupt nicht mehr.

Das ist die letzte Phase, die man Stupor nennt. Wenn man sie lässt, wird sie verhungern.

Psychologie habe ich belegt, weil ich dachte, es sei falsch, ein reiner Geistesmensch zu werden. Denn das war ja umgekehrt der Fehler gewesen, acht Jahre zuvor, als ich unbedingt etwas Praktisches hatte lernen wollen. Nicht, dass es schadet, die Dynamik einer Kamera zu verinnerlichen, Schärfe, Helligkeit, Bewegung, Schnitt, aber es reicht nicht für ein Leben oder jedenfalls nicht für meins. Claudia studiert Psychologie im Hauptfach. Das ist nur sinnvoll, wenn man anderen Menschen helfen will. Das aber will ich nicht.

Alles, was ich will, ist zu verstehen. Ich besuche auch das neue Institut der Philosophen in Dahlem. Es sieht aus wie eine zu groß geratene Gartenlaube, der stählerne Rahmen grün oder türkis. Ich tue mich schwer mit den Begriffen, die hier geläufig sind, wie »intersubjektiv« oder »ein-eindeutig«. Aber ich bin nicht gekommen, um mich zu verschließen, sondern um mich zu öffnen. Ich bin fast fünfundzwanzig Jahre alt, habe sechstausend Mark auf dem Konto und keine Ahnung, was ich mit meinem Leben anfangen soll.

Es gibt Autoren, finde ich bald heraus, die es einem einfach machen wollen, auch wenn ihre Materie kompliziert ist. Andere bevorzugen das Geheimnis; die Aufklärer sagen: das Dunkle. Beim Dunkel aber denke ich an die Schwärze der Stadt. Insofern bin ich Kameramann geblieben. Man braucht immer ein Schwarz, für die Dynamik eines Bildes. Etwas zwischen Hellgrau und Weiß lässt sich kaum darstellen. Helligkeit ist völlig wertlos, wenn sie keine Zeichnung hat. Ich bin offen für alles, was ich begreife, und genauso offen für das, was ich nicht begreife. Ich sage mir dann, ich muss die Helligkeit noch einstellen. Irgendwann ergibt sich

13

ein Bild. Mit solchen Vergleichen aber laufe ich bei den Philosophen auf. Sie finden meine Rede unnötig metaphorisch. Vielleicht gibt es Dinge, die ich für mich behalten muss, um die anderen zu verstehen.

Die Texte zu Aura und Reproduzierbarkeit, die wir lesen sollen, fallen gewiss unter geheimnisvoll. Noch habe ich keinen Versuch gemacht, das mit der Nähe und der Ferne wirklich zu fassen. Das liegt aber auch daran, dass ich es mir von dem Mädchen mit dem Mecki und den Filzhosen erklären lassen will. Wir sind diesmal zwölf, jetzt dreizehn, dann macht die Dozentin die Tür an ihrem Ende zu, während die andere offen bleibt. Ich könnte aufstehen und sie schließen, ich sitze in der Nähe, aber ich bringe es nicht über mich, weil die mit dem Mecki fehlt. Wenn die Tür offen bleibt, hoffe ich, kommt sie noch. Dann steht jemand auf und zieht sie ins Schloss.

Ich kann mich besser konzentrieren, wenn sie nicht da ist. Plötzlich verstehe ich auch den Satz mit der Ferne. Damit ist die Bedeutung eines Gegenstands bezeichnet. Der Autor sagt zwar nicht, dass man ihn nicht berühren darf, aber ich glaube, dass das gemeint ist. Und ein neues Wort habe ich gelernt, für etwas, was bereits behauptet wird, aber geprüft werden soll: Postulat.

Claudia hat mich gefragt, ob ich in meiner Neuköllner Höhle einsam sei, und ohne zu überlegen, habe ich geantwortet, dass ich für mein Leben genügend Leute kennengelernt hätte. Das will sie nun erklärt haben, und ich erzähle ihr von der Lehre beim Fernsehen und der Zeit als Kameramann.

»Ich galt sogar als speziell gut mit Leuten, weshalb ich angesetzt war auf Portraits – ›people‹. Ein Politiker mit einer dicken Brille hinter einem riesigen Schreibtisch. Der muss in einen Menschen verwandelt werden. Die Redaktion ist begeistert, dass ich die Kamera habe laufen lassen und zeige, wie er in einen Apfel beißt. Das ist ungefähr die Arbeit eines Vormittags. Am Nachmittag treffen wir einen eingebildeten, fettleibigen Bildhauer, der findet, man könne über Kunst gar nichts sagen: ›Det musste einfach sehen, wa?‹ Gegen Abend wieder im Schöneberger Rathaus, wegen einer Abgeordneten, die damit droht, ihre Fraktion zu verlassen. Schräg hinter mir immer der Tonmann, der so lange dabeibleiben will, bis er verbeamtet wird, und dann bis zur Pension. Wir sind wie siamesische Zwillinge, miteinander verkabelt, komplett aufeinander angewiesen. Am nächsten Tag geht es so ähnlich.«

Claudia lacht, »Okay, versteh schon. Die Routine. Und dann hast du das Lesen als Abenteuer entdeckt?«

Ich bin nah dran, ihr vom Haus der Gelehrten auf Kreta zu erzählen, aber tue es dann doch nicht. Es muss ein Geheimnis bleiben, warum ich lese, was ich lese. Auch der Buchhändler weiß nicht, weshalb ich vorletzte Woche *Aufschreibesysteme* bestellt habe, danach *Der symbolische Tausch und der Tod* und in dieser Woche – es ist schon da, aber noch nicht abgeholt – *Über den Prozeß der Zivilisation*. Er hat mir die Prospekte von sogenannten Theorieverlagen mitgegeben, die ich zu Hause in eine Schublade lege.

Ich weiß natürlich, dass mein Vorgehen abergläubisch ist, wenn nicht sogar lächerlich. Abergläubisch, weil das gut zwei Meter lange Bücherbord im griechischen Ferienhaus einer Privatdozentin aus Marburg für mich einen Kanon darstellt. Lächerlich, weil ich die Titel in der Reihenfolge bestelle, in der sie im kretischen Haus gestanden haben. Wenn ein Buch schwer zu besorgen ist, ziehe ich das nächste vor, Nummer dreizehn statt Nummer zwölf. Wenn aber

Nummer zwölf eintrifft, lese ich es in derselben Woche und springe dann zurück in die Reihenfolge. Gewiss, ich könnte die gesamte Literatur in der Garystraße ausleihen; die Bibliothek der Universität hat alles, jedenfalls alles auf meiner Liste, das habe ich aus Neugier geprüft. Auch weil ich wissen wollte, ob es sich tatsächlich um akademische Bücher handelt. Bei meinem Vorgehen allerdings, das mich etwa ein Viertel meines Vermögens kosten wird, entsteht das Bord in Neukölln von neuem, Buch für Buch, und ich fiebere dem Moment entgegen, in dem ich das vierundfünfzigste – gelesen, natürlich – ins Regal stellen werde, obwohl ich mich auch davor fürchte.

Da ich niemandem offenbare, was ich tue, kann mich auch niemand dafür kritisieren. Claudia allerdings hat etwas bemerkt. Jetzt steht sie in der Jugendstilküche ihrer Frauen-WG in Friedenau, auch ohne Mantel gerade und entspannt zugleich, und stellt mich ihren Mitbewohnerinnen vor. Sie sagt, ich sei ein »geflohener Fernsehkameramann« und »Neuköllner Eremit«, und die jungen Frauen gackern. Plötzlich sind wir bei der Frage angekommen, ob Psychologie eigentlich dazu da sei zu helfen, sich selbst oder anderen. Ich sage, helfen könne man immer, dafür brauche man keine Psychologie; aber Psychologie sei gut als Korrektiv, weil eben vieles, was man über sich selbst oder die Mitmenschen denke, in ein zufälliges Raster falle, das aus der eigenen Erziehung stamme – und wäre es nicht gut, wenn man dieses erkenne, um dem Wiederholungszwang zu entgehen? Die WG ist amüsiert, behält mich zum Couscous-Essen da, spart nicht am Wein und beschwatzt mich zum Abschied kollektiv, am Samstagabend zu einem Vorweihnachtsfest an der Hochschule der Künste zu kommen, schwul-lesbisch, nee, sie hätten schon gemerkt, dass ich nicht schwul sei, aber ich solle trotzdem kommen. Ich sage zu.

Das Buch Nummer zwölf, hat sich herausgestellt, ist nicht zu besorgen. Es heißt *Der Untergang des Abendlandes*, und ich habe es dann doch in der Garystraße ausgeliehen. Der weiße Kachelofen ist auf unwiderstehliche Weise warm. Ich habe mir einen niedrigen Schemel besorgt. Mit dem Rücken gegen den Ofen gelehnt kann ich stundenlang lesen. In dieses Buch aber finde ich nicht hinein; ja, ich spüre, wie eine gewisse Empörung in mir aufsteigt, die sich teils gegen den Autor und teils gegen die Dozentin in Marburg richtet, weil sie ein Buch in das Regal gestellt hat, das ganz offensichtlich voller Unsinn ist. Erst jetzt merke ich, was es bedeutet, mit der Lektüre vollkommen allein zu sein. Ich lege gegen neun Uhr Briketts nach und mache mich auf zum Steinplatz. Das Nikolausfest, oder was auch immer es sein soll, ist bereits in vollem Gange.

So etwas habe ich noch nie gesehen, ein Fest ohne Zentrum. Selbst im Atrium, das mit Discomusik beschallt wird, halten sich nicht mehr als zwanzig Menschen gleichzeitig auf. Die meisten Männer sind halbnackt in Leder, hierhin unterwegs und dorthin; in einem der Atelierräume wälzen sich Nackte in Zeitlupe in einer grellen Videoprojektion; die Bar ist ein dunkler Ausschank in einer dunklen Nische, die nach Bier riecht. Claudia und ihre Kameradinnen winken mir zu. Überhaupt scheinen Männer und Frauen nichts miteinander zu tun zu haben. Frauen bleiben in ihren Gruppen, während Männer sich küssen und aneinander reiben, als wäre das Ende der Welt nah und dies die letzte Gelegenheit. Aber das ist nur das Vorspiel.

Ich sehe mich also um. Aber was sehe ich? Die Früchte der Emanzipation; die entblößten Geheimcodes einer Sub-

17

kultur; den Untergang des Abendlandes? Dreimal finde ich mich im hohen Foyer vor der großen Eingangstür mit den schweren, schwingenden Türen, zögernd. Ja, ich gehöre wirklich nicht dazu – aber will ich zurück in die Neuköllner Nacht, in die Lektüre?

Beim dritten Mal glaube ich im Augenwinkel jemanden im anderen Flügel des Foyers zu sehen, der mich nachahmt. Ich ein Schritt, der andere auch. Ich mich ganz umgedreht, noch einmal hochsteigend, der andere auch. Ich die Treppe wieder runter … – Da will sich jemand über mich lustig machen! Jetzt am besten schnell raus, aber das wäre feige. Also bleibe ich stehen und nehme die andere Person in den Blick. Die sich mir im selben Moment, mich nachäffend, zuwendet. Die mit den Filzhosen!

Wie oft sind wir das später durchgegangen. Unsere parallele Pantomime bis zur Tür, dieses merkwürdige Lachen auf den Stufen draußen, mein Sturz auf einer überfrorenen Pfütze am Steinplatz. Humpelnd die finstere Carmerstraße hoch, die Pause vor dem beleuchteten Fenster der Buchhandlung, wechselweise die Namen der Autoren ausrufend. »Und wie heißt du?«

Wie der Winter immer kälter wurde und wir angefangen haben uns zu besuchen. Wie ich ihr im Februar dann doch verraten habe, warum ich gerade jetzt *Vom Ursprung und Ziel der Geschichte* las, und wir einen ganzen Abend in Neukölln verbracht haben, spekulierend, ob die Lektüren das Leben prägen oder andersherum. Ob das Denken, möglicherweise, ein Eigenleben führt. Wie es bis zum Sommer gedauert hatte, dass ich es schließlich wagte, durch ihren Mecki zu fahren. Mit links.

Kette verlieren

Es ist sinnlos, mit DJs zu reden, sie spielen sowieso, was sie wollen. Manne war älter als wir, fünfzehn gewiss, und da war nichts zu machen, es mussten Slade und Sweet sein, Wishbone Ash und T. Rex, zwei Stunden mindestens, bis wir müde waren. Dann kam das sanfte Programm, und plötzlich war ich Biggi nah, einem bleichen Mädchen mit rabenschwarzen Haaren. Ich fragte sie weder an jenem Abend noch am nächsten Tag, ob sie »mit mir gehen« wolle, aber ich fing sie an der Schule ab und ging dann buchstäblich mit ihr, mit ihr auf der einen und dem Fahrrad auf der anderen Seite. Rund um die Mädchenschule gab es einige stattliche Villen, und die Straßen waren kopfsteingepflastert. Zum Stadtring hin, bei der Brauerei, pappten die Häuser aneinander wie Kuchenreste, das Zwitschern der Vögel eingetauscht gegen das Dröhnen der Autos. Am Ring mussten wir nur den letzten, den westlichen Abschnitt nehmen, auf der einen Seite Blockbebauung mit vielen kleinen weißen Fenstern in hellroten, schmucklosen Backsteinfassaden und auf der anderen Seite die gigantischen Hallen der Allgemeinen Elektrizitätswerke, zurückversetzt, mit dem Parkplatz davor und dieser abgeriegelt durch einen Zaun aus Stahl, der sich vor dem Auge, im flachen Winkel, zu einer Wand schloss. Das Dröhnen war etwas schwächer, wenn man auf der Fabrikseite ging. Aber der Lärm hatte sein Gutes, denn es war nahezu unmöglich,

Biggi mehr als zwei Sätze zu entlocken. Sie ging mit mir, und das war's.

Der Zeichenlehrer der Jungenschule bestand darauf, dass der Kopf eines Menschen ein Achtel seiner Körpergröße ausmache, nicht mehr, aber ich bin mir ziemlich sicher, dass es bei uns Gymnasiasten andersherum war. Wir waren riesige Köpfe auf zwei kurzen Beinen. Die Grammatik des Deutschen und die des Lateinischen hatte sich wie ein System von Schläuchen in uns festgesetzt, und es gab nichts, wirklich fast nichts, was nicht darin transportiert werden konnte, und wenn man uns gefragt hätte, was die Goldene Bulle sei oder eine Allegorie oder Fellatio, es war alles abrufbereit.

Die Elektrizitätswerke reichten nicht ganz bis ans Ende des Rings, so dass Platz geblieben war für eine Stichstraße, zu der Wohnblocks quer standen, und Biggi wohnte im zweiten oder dritten von vieren oder fünfen und dort im dritten oder vierten Stock. Sie nahm mich nicht mit rauf. Ich hatte inzwischen in Erfahrung gebracht, dass sie von allen Liedern, die am Nachmittag im Radio gespielt wurden, nur *Get Down* mochte, und die Witzeleien des Moderators Henning Venske fand sie nicht lustig. Nach ein paar Tagen deutete ich an, dass ich nicht mehr kommen werde, um sie abzuholen, und das tat ich dann auch nicht mehr.

Conny war Biggi insofern ähnlich, als auch sie schmal und blass war und mit nasaler Stimme sprach, was mir damals unwiderstehlich erschien. Wir waren zwei von fünfzig Leuten in Holzbaracken, gleich hinter den Dünen, mit drei Wochen auf der Ostseeinsel vor uns. Hier konnte man nicht mit jemandem gehen, weil alle an langen Tischen oder zum Beten im großen Kreis saßen. Conny war blond; ihre Augen hatten Licht; ein gewisser Spott hatte ihren fast farblosen Mund in Schieflage versetzt. Ich tat alles, damit klar war, ich würde nichts einfach so und für alle, sondern nur für sie tun: die Handhabung der Gitarre, die Exegesen, kleine Siege über die großen Wellen des Meerbusens. Sie aber verteilte ihre Aufmerksamkeit wie ein Missionar den Reis, abgezählt, da war nichts zu machen.

Man kann nicht alles aufheben und sollte auch nicht. Ich hatte, nach Jahrzehnten, mehrere Schubladen voll Tonkassetten weggeworfen, und dann, schon am Müllcontainer, eine zurückbehalten, die mit *Hits* beschriftet war. Wir hörten sie im Auto, und ich muss gestehen, dass mein Herz einen Sprung machte, als dieses elektrische Pumpen einsetzte, akzentuiert von einer schweren linken Hand auf dem Klavier, bevor die Stimme dazukommt. Das war alles damals in die Beine gefahren, in die kurzen Beine, die den großen Kopf trugen, der aber abgeschaltet gewesen sein musste, denn sonst hätte ich auch mit vierzehn Jahren verstanden, dass *Get Down* kein Liebeslied war. Der frivole irische Sänger sang: »Das hab ich dir schon oft gesagt, und ich bin es leid – runter jetzt, runter, bei Fuß …«

Ich wusste nicht viel über Petra, nur dass sie Connys Schwester war, ein bisschen älter. Wir Ferienlagerchristen erlaubten uns ein Zehntel Ungläubige, sonst wäre niemand zum Bekehren da gewesen. Petra rauchte und hatte Ringe unter den Augen, trug eine Jeansjacke und eine Silberkette, von der die Jungen flüsterten, sie werde sie abnehmen, wenn sie ihre Jungfernschaft verliere. Es geschah aber nicht das eine und nicht das andere, Petra packte ihren Koffer mit Kettchen und unbekehrt.

Sie hatte mich drei Wochen beobachtet und war zu dem Schluss gekommen, ich sei eine winselnde Erektion zu Füßen ihrer Schwester. Sie passte mich haarscharf ab auf dem

Schiff bei Nacht, noch beseelt vom Gesang, aber schon traurig auf dem Rückweg zu den Eltern. Sie tuschelte mir etwas ins Ohr auf dem Zwischendeck, zog mich durch die von den Motoren vibrierende Luke in den Schiffsbauch, gängelte meinen Widerstand, »Ich will dir etwas zeigen«, schob mich in eine unbenutzte Schlafkabine und zog sich, zu meiner kompletten Überraschung, das Hemd über den Kopf, ließ die Jeans fallen, warf die Galoschen von sich und stand nun da im Slip, mit Silberkette.

Sagen wir, die Aufgabe wäre gewesen, einen Nagel ins Holz zu treiben. Dann war ich jemand mit einem riesigen Hammer, dieser aus Gummi, und während ich es versuchte, überlegte ich noch, was verlangt war, den Nagel reinzuschlagen oder rauszuziehen. Ich war Gymnasiast, Text, Grammatik, Lexikon und Interpretation zugleich, gebannt von eingebildeten Engeln; die Hosen voll bei Mädchen, die es wirklich wollten. Das oder etwas Ähnliches habe ich jedenfalls meiner Frau erzählt, auf einer Nachtfahrt durch Brandenburg. Ich hatte auf einem Rastplatz angehalten, um die *Hits* wegzuwerfen, und als die Kassette im stählernen Mülleimer aufschlug, zeigte eine Ratte ihren Kopf und musterte mich, der ich versteinert dastand, bevor sie im Inneren abtauchte.

Endstation

Man kann es noch nicht einmal googeln, Schwiederstorf, und wäre das nicht ein guter Grund, diese Ortschaft komplett von der Landkarte zu streichen? Was mich betrifft, weiß ich sehr wohl, wo das liegt, nämlich an der A1 in Richtung Bremen. Tatsächlich ist es so, dass man die Häuser – sie ducken sich so furchtsam in die Landschaft – von der Autobahn aus nicht sehen kann, aber wenn man in der Siedlung in seinem Garten sitzt, vor sich nur noch das, was man in Norddeutschland »die Koppel« nennt, erreicht einen das Dröhnen der Autobahn. Wenn man schon aufs Land zieht, habe ich zu Mami gesagt, dann doch nicht in eine derart einfältige Straße, mit einer Aussicht, die keine ist, in ein Haus, das niemand will. Aber da ist sie eben gelandet, als sie die Wohnung in Hamburg aufgegeben hat. Dort wohnt nur, wer glaubt, keine Wahl zu haben. Dann kommt man nach Schwiederstorf, das es eigentlich gar nicht gibt.

Hamburg: Schon als Kind fand ich diesen Betonklotz toll, dessen Balkone jeder für sich zur Alster gedreht sind, etwas aus der Achse. Und einer davon ist nun meiner. Nicht direkt am Wasser, da ist die große Straße dazwischen, aber immerhin mit Blick darauf. Aus unserem Haus bin ich die Einzige, die an der Alster joggt, denn die zweitjüngste Bewohnerin ist zweiundsiebzig, das sind fünfundvierzig Jahre Abstand zur jüngsten. Und die bin ich. Die älteste verrät nicht, wie alt sie ist, aber ich schätze, fünfundneunzig. Meine Schwester sagt, das passe zu mir, eben frühvergreist.

Dabei hatten wir doch eine schöne Kindheit in Hoheluft, vorausgesetzt, dass man nicht vorher schon weiß, was später passiert. Bis zur zweiten Klasse lief alles wunderbar, dann war plötzlich mit den Eltern etwas nicht in Ordnung, als wenn eine Fensterscheibe einen Sprung bekommt. Sie ist noch da, aber man guckt nicht mehr raus, man sieht immer nur den fiesen Riss. Ein Jahr später war die Ordnung wiederhergestellt und übrig nur noch wir, Mami, Emilia und ich. Mami hat uns nicht merken lassen, wie schwierig es für sie war. Einmal, um uns etwas zu bieten, hat sie uns mitgenommen ins Archiv von Gruner & Jahr. Damals wurden alle Artikel, die erschienen waren, irgendwie umkopiert auf riesige silberne Scheiben. Wenn man einen Artikel haben wollte, ging man in den Archivraum und orderte per Knopfdruck den Datenträger. Man sah so ein Silberding heranfahren wie im Inneren einer riesigen Jukebox, dann wurde es aufgelegt und abgespielt, aber statt Musik kam die Kopie eines Artikels aus dem Drucker, im ursprünglichen Layout vom *stern*, zum Beispiel. Das war ihre Arbeit, Artikel lückenlos einzulesen und korrekt zu verzeichnen. Halbtags.

Vielleicht hat Mami nie so richtig die Initiative ergriffen, »passiv, genau wie du«, sagt Emilia, die noch nicht einmal zur Schule ging, als Papa auszog – oder eigentlich über Nacht verschwand –, wie Emilia ohnehin und jederzeit für Papa Partei ergreift, einen Mann, den sie fast nicht kennt, ein Produkt ihrer Phantasie; die junge Jurastudentin, eine Puppe ohne Schatten. Die Hamburger Law School als Bestätigung ihrer Träume: Privatuni, Elitekader, sie glaubt wirklich, das sei alles Bestimmung.

Aber was heißt schon passiv. Mami hatte eben alles so gelassen, wie es gewesen war. Wir sind in Hoheluft geblieben, in der Vierzimmerwohnung mit knarrendem Parkett, Essen in der Küche mit Linoleumboden, und im Flur, später dann im Keller, Papas gesammelte Werke für den Rundfunk und das Fernsehen. Entweder war er zu feige, sich das abzuholen, oder er hat eingesehen, dass er das nicht brauchte. Schlimmer, vielleicht: Er wollte auf diese Weise demonstrieren, dass er ein neues Leben begonnen hatte. Dass er auch uns nicht mehr brauchte. Emilia bekam seinen ganzen Designerschnickschnack, als sie in sein Arbeitszimmer zog, die Artemidelampe, den in Chrom gefassten Schreibtischstuhl. Die Grafik von irgendeinem documentaberühmten Künstler – ein grellrot leuchtender Kreis oder ein Oval, das über die Jahre ganz langsam blasser wurde.

Ich glaube, es handelt sich um eine Verwechslung von Passivität und Beharrlichkeit. Wenn man sich schon Bibliotheken und Archive als Berufsfeld ausguckt. Bei mir ist das nicht so viel anders, das stimmt schon, man würde unmöglich neun Stunden täglich in einem keimfreien Labor verbringen können, wenn man gegen die Uhr lebte. Wenn man einmal pro Woche die Weltordnung neu erfinden müsste. Mami jedenfalls hat darauf geachtet, dass es zu Haus so blieb, wie es war, Papa natürlich ausgenommen, der einfach weg war und fehlte, zuerst, und dann nur noch weg war. Wir konnten unser Abitur in Hoheluft machen, zuerst ich und dann die Schwester, und sobald Emilia ihre eigene Bude hatte, bestellte Mami den Möbelwagen und ließ alles, ich glaube wirklich alles, unbesehen nach Schwiederstorf verfrachten.

Dort mietete sie ein Haus am Ende der Straße, das nur

wenige Jahre zuvor erbaut worden war, eigentlich eine Bauruine. Denn das obere Stockwerk war durch eine schmucke Holztreppe angeschlossen, in Zimmer unterteilt, die Badinstallation komplett, aber ansonsten Rohbau geblieben, Estrichböden, keine Türen, nicht einmal Türrahmen oder Heizkörper. Die Garage hatte jemand begonnen aufzumauern, war aber nur bis zur Hälfte der Höhe gelangt. Die sollte, das war abgemacht, fertiggestellt werden; dann wurde behauptet, das Fundament sei nicht fachgerecht gegossen, also wurde sie abgerissen. Was von Vorteil war, weil man nun von der Küche aus freie Sicht auf die Koppel hatte, nicht einmal ein Zaun dazwischen. Das Haus war ohne Plan auf das Grundstück gesetzt worden, von wegen Südseite, und hatte schon eine junge Familie auf dem Gewissen; so kam Mami dahin. War wohl nicht teuer zu mieten. »Vor den Toren Hamburgs« heißt das bei Projektentwicklern. Was auch stimmt.

Es dauert, bis man zum Tor hinaus ist. Entweder musste ich das halbe Stadtgebiet durchkreuzen, um in den Elbtunnel zu gelangen, oder in Richtung Lüneburg fahren und am Horster Dreieck nach Bremen einschwenken. Wenn man ganz nach Lüneburg fährt oder bis Bremen, dann ist es für den Hamburger ein feiner Ausflug. Aber eine Dreiviertelstunde Stadtverkehr und Autobahn, um bei einem verkrachten Haus im Niemandsland anzukommen, das ist Desensibilisierungstraining. Man muss gleichgültig werden, stumpf für diese Art von Ziel, das keines ist. Emilia hat es sich einfach gemacht. Als Mami uns wirklich brauchte, fand sie, Lernen sei wichtiger.

Ich habe sie, die Schwester, gefragt, was sie glaube, wie herum es war: Ob Mami zuerst gefeuert wurde und dann krank oder umgekehrt. Die Frage will Emilia natürlich nicht hören, weil sie glaubt, dass Arbeitgeber schon heute unzumutbare Lasten tragen, »unser Sozialsystem frisst die Kassen leer und killt jedes echte Engagement«, dieses ganze neoliberale Geblöke, das darauf setzt, dass die Gewinner es gut haben, und nur sie. Allerdings kenne ich keine. Oder ob Mami, aber das frage ich Emilia nicht, das würde sie gar nicht verstehen, wegen Schwiederstorf krank wurde. Schon der Name ist ein Geschwür.

Manchmal denke ich, dass ich wie Mami enden werde. Aber wahrscheinlich sterbe ich nicht an Krebs, sondern an Einsamkeit. Ich bin mitten in Hamburg schon jetzt so allein wie Mami am Ende mit Ausblick auf die Koppel. Das mag auch mit meinem Arbeitsplatz zu tun haben. Wir sind siebzig Angestellte, nach der Schleuse komplett maskiert, Technomonster in Blau und Grün, eines unförmiger als das andere. Klar wissen wir, wer wer ist, organisieren die Arbeit im Labor und kennen uns mit Namen. Aber alles, was Menschen anziehend macht, ist weg: das Gesicht, die Figur, die Bewegung. Wie auch immer. Ich soll ja nicht Männern auf den Hintern gucken, sondern ins Mikroskop. Das tue ich allerdings gerne. Habe ich mir ausgesucht.

Mein Apartment hat einen schmalen Eingang, einen Flur, der L-förmig um die Ecke geht und im zweiten Teil breiter ist, sogar mit Teppichboden. Genau am Ende gibt es einen Spiegel in voller Höhe. Das gehört zur Grundausstattung von 1968, bei den alten Damen im Haus ist es genauso. In die Decke sind Halogenlichter eingelassen, acht in zwei Reihen. Das also ist das Innere der Wohnung, keine Fenster, mein Refugium. Ich ziehe mich aus und lasse die Sachen im Schlafzimmer, damit sie das Bild nicht stören. Ich gehe unter den Lichtern auf und ab und betrachte mich im Spiegel. Da gibt es gar nichts auszusetzen, wirklich nicht. Eine junge, keineswegs kleinwüchsige Frau mit rundem Po und richtigem Busen, die Waden stramm, die Schultern klar gezeichnet.

Beim Joggen merke ich, wie die Blicke an mir kleben. In der Bewegung erklärt sich der Körper von selbst. Nur dass man sich beim Laufen unmöglich verabreden kann. Was soll ich tun, mir ein T-Shirt drucken lassen: »Mache es mit jedem Mann unter 35, der sich gewaschen hat, nicht verklemmt oder pervers ist, Telefon 040« oder so? Am Ende bin ich verschwitzt und allein zu Haus, duschen, Joghurt essen, Bücher lesen. Ein Satz, den ich neulich in einem von Mamis Wälzern gefunden habe, geht so: »Der Wille kommt erst wieder, wenn der Schmerz aufhört.« Den Bildschirm habe ich von der Wand genommen und in der Kommode versteckt, weil abends allein fernzusehen alles noch schlimmer macht.

Das war schon merkwürdig, wie Mami mir die Bücher angeboten hat, gleich in ihrem ersten Sommer da draußen. Der große Teil des alten Hausrats war oben aufgebaut, in den Zimmern, in denen nie jemand gewohnt hatte, ziemlich gruselig. Sie fragte mich, »Liest du denn noch?«, so wie man fragen würde, »Bist du denn noch bei den Pfadfindern?« Und hier war der alte Stolz der Bibliothekarin: »Dies sind nämlich die Klassiker!« Das konnte selbst die Biochemikerin mit bloßem Auge erkennen: alte Ausgaben von Lagerlöf, Dickens, García Márquez; und dann viele neuere Sachen, *Das Buch der Unruhe*, *Abbitte*, *Elementarteilchen* – keine Taschenbücher. Diese phantastische Sammlung wollte sie unbegreiflicherweise loswerden. Ob ich damals schon wusste, wie schwer es sie erwischt hatte? Jedenfalls habe ich mich gründlich gewehrt und dann vier Umzugskartons mitgenommen. Hätte mir gedämmert, was sie wirklich vorhatte, hätte ich das ganze Auto mit Büchern vollgeladen.

Fast ein Jahr lang pendelte sie von dort draußen mit Bus und Bahn nach Eppendorf, echt tough, Bestrahlung, erste Chemo, zweite Chemo, dritte abgebrochen. Da sah man es auch. Im Herbst letzten Jahres fing ich an, sie regelmäßig zu besuchen, einmal abends Mitte der Woche, nachts noch zurück, und am Wochenende wieder. Die Hälfte der Autobahnstrecke Baustelle, weil der Bund durch die Maut im Geld schwimmt. Die Autobahn wird perfekt sein, dachte ich, wenn ich sie nicht mehr brauche. In der Zeit wurde mir klar, dass Mami tatsächlich sterben würde. Sie hatte das Rauchen aufgegeben, das Essen tendenziell auch. Kein Vergnügen, für sie zu kochen.

Im Winter, es war schon dunkel, als ich in Schwiederstorf ankam, bin ich fast in eine unbeleuchtete Stahlwand hineingefahren. Das war, wie sich zeigte, die Seite eines offenen Containers, der dort abgestellt worden war, wo einst die halbe Garage gestanden hatte, allerdings quer. Um die Aussicht von der Küche nicht zu verstellen. Vollbremsung in der Einfahrt, während die automatische Beleuchtung über der Haustür ansprang. Der Schnee auf der Straße war schon getaut, im Container aber noch liegen geblieben. Dennoch konnte ich alte Teppiche darin erkennen, eine Stehlampe, die mir bekannt vorkam, sowie allerlei Blumentöpfe und altes Zeugs aus der Küche. Bürokram auch, eine Registratur mit Leitzordnern und Archivkästen im DIN-A6-Format, fünf oder sieben davon. Ich stand auf der vorderen Stoßstange meines Autos und sah mir das an.

Die Kammer, die ich bei Mami bekam, hatte ein Fenster nach vorne raus. Am Ende der Sackgasse spielten die Kinder aus der Nachbarschaft, aber nicht an diesem Wochenende, bei Tauwetter, mit einem kalten Föhn über der platten Landschaft. Mein Übernachtungsplatz glich einer dürftigen Replik meines Mädchenzimmers in Hoheluft. Vieles von dem, was ich zurückgelassen hatte, war hier aufgestellt, und einiges aus dem Zimmer meiner Schwester. Nämlich ein Setzkasten, bestückt mit Muscheln, Glas- und Messingminiaturen und dem Kopf einer Blondine. Mit fünfzehn Jahren war Emilia auf die brillante Idee verfallen, die letzte ihrer verbliebenen Barbiepuppen zu köpfen. An der Wand hing die rosarot leuchtende Grafik, tatsächlich ein Oval, das in der oberen Hälfte in nahezu unsichtbaren Abstufungen heller wurde. Vielleicht doch nicht verblasst war. Ein UFO bei Sonnenaufgang oder so.

Ich blieb über Nacht und fragte Mami am Sonntag, schon im Mantel, wozu der Container gut sei. Sie lächelte still, zunächst, das bittere Lächeln der Schwerkranken, und sagte dann: »Es ist besser, wenn ihr mit alldem nicht belastet seid.« Auf der Rückfahrt war genügend Zeit zum Grübeln. Bis Hamburg konnte ich mir erklären, was sie gesagt hatte. Mit dem »ihr« warnte sie mich, dass ich demnächst mit meiner Schwester allein sein würde. Mit »alldem« rief sie noch einmal den Schmerz auf, von meinem Vater verlassen worden zu sein, mit bösen Folgen. Und mit dem Wort »belastet« hatte sie vorsorglich meinen Widerstand erstickt; denn ich hätte, um zu widersprechen, sagen müssen, »Mami, was mich belastet, sind nicht die häuslichen Relikte unserer missglückten Familie. Ich habe schreckliche Angst davor, dass du stirbst.«

Es war schon dunkel, als ich ging. Sie hatte die Haustür hinter mir geschlossen, und während ich ins Auto stieg, sah ich einen Hauch von Licht hinter dem Haus. Der vom Bad herstammte oder vom Schlafzimmer. Jedenfalls war ich mir

31

sicher, dass sie mir nicht von der Küche aus bei der Abfahrt zusah, wie Mütter das so gerne tun. Ich also wieder raus, ließ die Fahrertür offen und kletterte noch einmal auf die Stoßstange meines Autos, beugte mich in den Container, zerbrach dabei einen Knopf meines Mantels, konnte einen der länglichen Leitzkartons ankippen und, als er aufrecht stand, mit beiden Händen hochziehen. Den Schnee abgewedelt, das Ding auf den Beifahrersitz geworfen, Autotür zu und ab.

Obwohl meine Mutter die Bibliothekarin war, neigte mein Vater zu akribischer Archivierung. In seiner Anfangszeit als Radioredakteur brachte er Tonbänder mit nach Hause, später, als er beim Fernsehen war, Videokassetten. Jede Tonbandschachtel, jede Kassette war mit einem Registraturkürzel versehen, III a – b, IV a – c – d, was auch immer er sich dabei gedacht hatte. Außerdem waren auf den Rücken in einer leicht schräggestellten und unveränderlichen Handschrift die Themen angezeigt, Hamburger Themen für das Radio, beim Fernsehen dann *Stonehenge* und *Alhambra* und *Städte, die keiner mehr kennt [DDR]*, da war er im Reiseressort untergekommen. Im brasilianischen Recife hatte er die Frau kennengelernt, mit der er, inklusive meines Halbbruders Paul, in Bremen lebt. Es gab auch Diakarusselle mit Familienfotos, die wir aber nie ansahen, obwohl er sogar den Projektor zurückgelassen hatte.

Der marmorierte Karton war raffiniert gemacht, mit einer klappbaren Seitenwand. Man konnte ihn ausfahren aufs doppelte Format, so dass die Schriftstücke gut überschaubar vor einem lagen. Zu meiner größten Überraschung waren es Briefe, die meisten in Recife gestempelt, einige in Paris, einer in Prag und etliche in Bremen, alle »persönlich« adressiert an meinen Vater an seinem Hamburger Arbeitsplatz. Beim »ö« fehlten anfangs die Punkte. Ich nahm die Briefe aus ihren Umschlägen, aber steckte sie jeweils aufrecht wieder zurück, als wäre ich verpflichtet, die vorgefundene Ordnung nicht durcheinanderzubringen. Es waren Fotos dabei, von ihr, Lygia, flüchtige, farbige Bilder einer schmalen Frau mit einem bronzenen Hautton, im Sommerkleid, im Bikini – kein Nacktbild. Die ersten Briefe waren in unbeholfenem Englisch geschrieben, dann folgten welche auf Französisch, das ihr mehr zu liegen schien. Ausgerechnet die Briefe aus Bremen waren auf Portugiesisch verfasst, da hatte er es offenbar schon gelernt. Irgendwie gelang es mir, die letzten Briefe, Oktober und November 1995, so weit zu entschlüsseln, dass mir klarwurde: Papa betrieb die Versetzung nach Bremen, Lygia suchte, unter gewissen Schwierigkeiten, eine Wohnung. Seine Flucht aus unserer Familie war für den Tag geplant, an dem die Winterferien begannen. Und so war es auch gekommen.

Der grau lackierte Dielenboden in Hoheluft, darüber der rote Kokosläufer, mit Kupferstangen gespannt; alle Türen zu allen Zimmern offen, zwei Koffer hinter der Haustür, griffbereit, Papa gestikulierend, als wäre er im Fernsehen, Mami außer sich, schon jenseits der Tränen, Emilia mit fünf Jahren in einem Türrahmen kauernd, die Augen weit aufgerissen, und ich … Was war mit mir? Das weiß ich nicht mehr. Ich weiß nur, dass ich dabei war. Er hatte heimlich abhauen wollen und war von uns überrascht worden. Was er natürlich abstritt, aber jetzt, mit den Briefen, wurde es Gewissheit. Den Archivkasten habe ich dann ganz unten in meinem Kleiderschrank abgelegt.

Am folgenden Freitag gab es wieder viel Schnee, und ich habe in Schwiederstorf angerufen, dass ich erst am Samstag kommen würde. Abends um halb elf klingelte es an der Tür. Ich habe nicht einmal die Sprechanlage bedient. Mich besucht abends keiner, leider. Beim zweiten Mal fiel das Läuten heftiger aus. Es war Paul.

Paul mit fünfzehn Jahren, braune Locken, braune Augen. Kaum zur Tür rein, noch schlotternd, aber schon ganz da. Eine freundliche Art ohne Umwege, eine Stimme, die sich schon gefunden hatte. Er versuchte mir weiszumachen, er wäre mit drei Kumpels aus Bremen an diesem Abend zur Reeperbahn gefahren und hätte sie verloren. Ich habe ihm gut aufgetischt, eine Flasche Wein geöffnet, Musik aufgelegt und ihn reden lassen. Da er keinen seiner Kameraden auf dem Handy anrufen wollte, dachte ich, warum nicht, er will bleiben. Gegen Mitternacht fing er an zu fragen. Also, Paul, ja, ich arbeite in einem Hightechlabor. Nein, das macht nicht immer Spaß, ist aber interessant. Meistens. Das Gehalt etwas über Tarif. Die Wohnung, warum willst du das wissen? Nun, sie ist nicht gemietet, das ging nicht, sondern mit einem gewaltigen Kredit gekauft, den ich dreißig Jahre lang werde tilgen müssen. Nein, dann ist sie noch nicht abbezahlt, zu zwei Dritteln vielleicht. Meine Mami wohnt jetzt in Niedersachsen auf dem Land. Warum? Das weiß ich nicht, Paul.

Ich sagte ihm nicht, dass sie Krebs hatte. Der Junge war lieb, aber das war für einen Fünfzehnjährigen vielleicht doch zu viel. Und ich wollte auf keinen Fall anfangen zu weinen. »Du wohnst allein? Wieso? Hast du keinen Freund? Bist du lesbisch? O Mann«, trällerte Paul, obwohl er mich meinte. »Du sitzt hier allein in dieser Wohnung bis zur Rente, und draußen zieht das Leben vorbei.« Wobei wir auf die Straße sahen, die unser Apartmenthaus vom Alsterufer trennt. In beiden Richtungen krochen Automobile durch den Schnee und streuten das Rot ihrer Rücklichter aus wie Filmblut. »Du bist doch total sexy«, sagte Paul.

Ich hatte ihn zuletzt gesehen, als er vielleicht zehn gewesen war. Jetzt, er hätte nur mein Cousin sein müssen, ich hätte ihn mit ins Bett genommen. Was für ein Prachtkerl. Aber er war mein Halbbruder. Und die Liebesbriefe seiner Mutter lagen bei mir im Kleiderschrank. Ich baute ihm also das Sofa um. Ich war im Schlafzimmer, als er – nur in schwarzen Calvin-Klein-Boxershorts – Gutenachtsagen kam. Wir umarmten uns lange, stehend. Ich tat so, als wenn ich nicht merkte, wie es ihn aufpeitschte. Ich sagte »Schlaf gut!« und drückte ihn an den Schultern von mir weg.

War Mami eigentlich immer schweigsam gewesen? Ich glaube nicht. Es war auch zu dritt manchmal sehr lustig bei uns in der Grundschulzeit, open house, die Schulkameraden kamen gern, weil man alles durfte. Später hatte sie einen grün-alternativen Lover mit Pfeife, der uns guttat, auch wenn er nur zu Besuch kam. Vielleicht war das ihr Fehler, ihn nicht einziehen zu lassen. Sie war oft nicht da, morgens schon, und ich musste als Dreizehnjährige darauf achten, dass Emilia gewaschen im Gymnasium ankam. Den süßen Geruch des Tabaks habe ich vermisst, als ich in der Oberstufe war, und Mamis neu erwachtes Interesse an unseren Angelegenheiten war uns nicht immer recht; Emilia bekam dieses Püppchenhafte, jeden Morgen eine Viertelstunde vor dem Spiegel und all das. Jetzt aber bedrückte mich Mamis Schweigen, während wir die geraden, aufgeweichten Wege zwischen den Koppeln begingen, zwei winzige Figuren unter einem unendlich grauen Himmel. Warum, hätte ich gern gefragt, warum dies und warum jenes, so wie Paul mich gefragt hatte, und warum entrümpelst du das Haus? Aber ich hatte Angst, dass sie dann sagen würde, was ich dachte, dass sie sagen würde.

Am Sonntagnachmittag dämmerte es, als ich wegfuhr aus Schwiederstorf. Ich spürte Mamis Blicke auf mir, als ich das Auto aufschloss. Sie stand in der Küche. Vielleicht dachte sie, es wäre das letzte Mal, dass sie mich sah. Ich hatte – war es Intuition oder Selbstverführung? – am Vortag schon rückwärts eingeparkt. Die Heckklappe offen, stand der Kleinwagen dicht genug am Container, um wieder auf die Stoßstange steigen zu können. Ich griff hinein und entdeckte weitere Archivschachteln, die ich direkt in den Kofferraum warf. Darunter lagen Videokassetten in eigens dafür gebauten Schubern, oder vielleicht hatte es die einmal zu kaufen gegeben, für jeweils zwölf Stück. Es waren vier Schuber, die ich nun einzeln turnend ins Auto brachte. Das Zeug war nass. Ich spürte, wie Mami zusah. Als ich auf der Fahrerseite einstieg, winkte ich ihr über das Autodach hinweg zu. Sie lächelte traurig hinter dem doppelten Fensterglas und winkte nicht zurück oder so spät, dass es mir entging.

Die Siebenundachtzigjährige über mir nenne ich Lady Schmidt. Sie ist die Lockerste in unserem Haus mit Alsterblick. Von ihr habe ich mir einen Video-Rekorder geliehen, den hatte sie noch. Brauche ich vier Wochen, hatte ich gesagt, »Kein Problem, mein Kleines.« So redet die. Dann stellte sich heraus, dass die Kassetten in den Schubern ein anderes Format hatten, irgendetwas aus dem Profibereich von damals. In einer der Archivschachteln allerdings fanden sich lose VHS-Kassetten, nicht vollständig bespielt. Offenbar hatte mein Vater geübt, selbst zu filmen, bevor er zum Fernsehen kam. Minutenstücke, aus der Ferne, etwas wacklig. Eines zeigte junge Männer an einer Straßenecke, wahrscheinlich in St. Georg. Ein anderes Schüler in einem Kaufhaus, die sich glitzernde Dinge unter ihre aufgeplusterten Jacken stopften. Beschriftet: »Drogenhändler«, »Ladendiebe«. Fünf Minuten schwarz bis zu dem Dokument, das mit »7. 7. 1987« gelistet war. Es zeigte eine nackte Frau auf einem Sofa, eingerollt, wartend. Dann erschien ein Mann im Bild, man sah ihn von hinten, sie drehte sich auf den Rücken, er legte sich auf sie und so weiter. Es sah irgendwie harmlos aus, sechs Minuten und fünfzig Sekunden. Ich sah mir das dreimal an, und am nächsten Tag wieder. Es waren meine schönen Eltern, acht Monate und zwanzig Tage vor meiner Geburt. Vom Stativ. Kein Ton. Noch nicht die Wohnung in Hoheluft. Woanders.

Das Ende des Winters war spürbar, als ich am nächsten Freitag wieder rausfuhr. Diesmal über die Dörfer, Hausbruch, Neu Wulmstorf, was kürzer war, aber noch länger dauerte. Supermärkte, von außen verklebt mit Folien, auf denen Fleisch und Wurst abgebildet war. Bushaltestellen, in deren Glaswände Hakenkreuze und steife Schwänze geritzt waren. Dann Schwiederstorf, Sackgasse, Endstation: Der Container war weg und das Haus nahezu leer.

»Mami, warum hast du das alles weggeworfen?«

»Weil ich es nicht Fremden überlassen kann.«

»Wieso Fremden? Ich, ich meine, ich und Emilia, wir sind doch keine Fremden.«

»Das stimmt, mein Mädchen. Aber ihr würdet es nicht nehmen.«

Ich grübelte, was das bedeuten sollte, kam aber nicht drauf.

»Ihr werdet die Erbschaft ablehnen müssen. Ihr dürft dann nichts mitnehmen, verstehst du? Und willst du vielleicht unseren Hausstand auf dem Flohmarkt wiederfinden? Ich sitze auf fünfunddreißigtausend Euro Schulden.«

Unter einem Vorwand fuhr ich noch Samstagnacht zurück. Es war eine halbe Flasche Chianti übrig, von Pauls Besuch. Ich hatte den Bildschirm herausgenommen, an seinem Nagel aufgehängt und zappte durch die Programme – ganz und gar eklig –, trank die Flasche leer und ging dann schlafen. Ich träumte schwer, eine Flut von Bildern, fast stumm. Am Sonntagmittag weckte mich das Telefon, aber ich war zu spät dran und hatte vergessen, den Anrufbeantworter zu aktivieren. Ich rief in Schwiederstorf an, aber es nahm keiner ab. Das Telefon meldete sich wieder, mit einem Jaulen, und es war Emilia.

»Mami ist tot.« Keine Anrede, nichts. Nur das.

»Danke, Emilia. Fahren wir zusammen raus?«

»Ich muss pauken«, sagte sie. »Die Nachbarn haben sie um zehn gefunden, sie ist schon weg. Wir regeln das alles Anfang der Woche, okay?«

Das stimmte übrigens nicht, wie sich zeigte, als ich in Schwiederstorf ankam. Mami lag diagonal auf einem bezogenen Bett mit Rosendekor, kalt und weiß. Ich sperrte die Nachbarn aus, nahm Abschied, rief einen Beerdigungsunternehmer an, wartete ihn ab, und während sie eingeladen wurde, ging ich zu den Nachbarn, um ihnen zu danken. Auf dem Küchentisch lag ein Umschlag mit meinem Namen, den ich an mich nahm. Ich wusste, dass es Geld war und genug für eine Beisetzung im kleinsten Kreis.

Am Sonntagabend wusch ich mein Gesicht mehrmals kalt, zupfte mir die Augenbrauen, nahm die Kontaktlinsen raus und setzte sie mit neuer Flüssigkeit wieder ein, legte ein wenig Rouge auf, zog mir ein kurzes Kleid an und Schuhe mit Absatz, sah mich im großen Spiegel und dachte, ein bisschen harmlos eigentlich. Was ich noch nie zuvor getan hatte: Ich ging ins Grand Elysée gegenüber vom Dammtorbahnhof und verbrachte drei Stunden in der Lobby und an der Bar. Ich wollte einen Mann finden, einen, der mich sogleich mitnimmt auf sein Zimmer, aber ich ließ mich volllaufen und kam in schlechte Stimmung. Es gab zwei oder drei versteckte Angebote, und ein offenes – für Geld, Blödmann! –, aber ich konnte mich nicht überwinden, die Anzüge, die Bäuche, es ging nicht einmal für den Fall, dass es richtig wehtun sollte. Und das sollte es.

Später stand ich schwankend im Portal, beäugt von den livrierten Angestellten. Mein Mantel mit dem halben Knopf. Aprikosenfarbenes Nachtlicht von oben. Es waren keine Taxis da. Es kamen welche und brachten Gäste zurück, ein, zwei, drei Limousinen. Es roch nach Dieselmotoren und Parfüm. Sie blieben in der Kolonne einige Minuten stehen und fuhren dann ab, das erste, das zweite. Bis zu mir nach Haus waren es vielleicht zwanzig oder dreißig Minuten zu Fuß, nördlich um die Alster.

Das dritte Taxi stand genau mittig in der Auffahrt mit laufendem Motor. Darin saß ein gelockter Junge. Es konnte nicht Paul sein, und er war gewiss nicht fünfzehn, eher in meinem Alter. Aber der Typ. Diese Ausgeglichenheit, ein Wuchern mit dem Augenblick. Das spürte ich sogar durch die Scheibe eines Benz. Ich starrte ihn an. Schließlich lehnte er sich weit nach rechts und stieß die Beifahrertür auf. Ich ging auf das Auto zu, beugte mich hinein und lallte, »Ich bin total betrunken – ich brauche kein Taxi.« »Gut«, sagte er. Er sagte nicht okay oder schade oder na ja, er sagte gut und sah mir in die Augen: »Ich habe nämlich Feierabend.« Er griff an die Taxiuhr, deren Anzeige erlosch. Ich ließ mich in den Ledersitz fallen und schlug die schwere Tür zu, viel zu laut. »Du musst dir den Gurt anlegen«, sagte er. Er sagte gleich du. Er ließ das Fahrzeug von der Auffahrt bis zur Straße rollen, hielt an, zog die Handbremse, ließ den Motor laufen und sah mich an:

»Ich glaube, der Satz, den man jetzt sagt, geht: Zu mir oder zu dir?«

Das war Sven, der mich gerettet hat. Wir lümmelten die halbe Nacht auf meinem Sofa mit Alsterblick, tranken keinen Wein mehr und waren recht zärtlich. Ich erzählte ihm von Mami, vom Container, von Papa, von Emilia und von mir. Er war vorsichtig. Nicht schüchtern, sondern vorsichtig. Er trocknete mir die Tränen mit seinem Sweatshirt.

»Nicht jetzt«, sagte er, weil ich in einer bestimmten Weise nach ihm griff. »Ich will dir nicht wehtun.«

»Und wenn ich es will?«

Er antwortete nicht einmal darauf, sondern sah mich nur still lächelnd an, bis mir wieder die Tränen kamen, die er auf dieselbe Weise trocknete. »Das verschieben wir auf morgen. Auf morgen früh. Ich bleib bei dir.«

»Und die Taxe auf dem Gehweg?«

Er sagte: »Ich bleib.«

Schottland und andere Erzählungen

Die Tanztruppe war viel kleiner, als ich gedacht hatte, aber die Stadt war dafür größer. Man konnte eine Stunde spazieren gehen, ohne jemanden zu treffen, den man kannte, obwohl das so ungewöhnlich auch nicht war, denn ich war schließlich neu in Dundee. Ich musste mich regelrecht zwingen, die Stadt anzuschauen, ihre silbergrauen Häuser mit den schwarzen Augen, denn meine Gedanken waren noch lange in Tel Aviv. Noch nie hatte ich einen Flughafen leer gesehen, komplett unbelebt, sauber und ordentlich wie am Tag vor der Einweihung, und schon gar nicht unseren, wo ich so viel Zeit verbracht hatte, in Schlangen wartend, den schweren Rucksack immer wieder vorwärts schiebend mit den Beinen, um nicht den Faden im Gespräch zu verlieren. Wen hatte ich dort nicht alles kennengelernt.

Am ersten Tag lief gar nichts, der Flug nach Frankfurt war gestrichen, niemand flog mehr nach Israel und also auch nicht weg. Ich kehrte zu den Eltern zurück. Am zweiten Tag waren immerhin Menschen in der Halle. Man bot mir an, nach Kairo zu fliegen oder nach Istanbul, ich entschied mich für Istanbul, von wo es mehrere Maschinen täglich nach Frankfurt oder nach London gab, nur dass es dort hieß, der Zwischenstopp sei mit meinem Ticket nicht erlaubt. Zwischenstopp, sehr lustig. Es dauerte fünf Tage, bis ich in Dundee ankam, und das Erste, was ich hörte, war: Ist das denn verwunderlich? Bei euch ist doch Krieg!

Sofort wurde ich bei einem uralten Pina-Bausch-Stück eingesetzt, einem Vierzigminüter mit allerhand stürzenden Stühlen, vor so langer Zeit choreographiert, dass niemand, der jetzt tanzte, bei der ersten Einstudierung dabei gewesen war. Man konnte sich da hineinfinden, halb mittun und halb stören, so war das gemeint. Wir probten einen ganzen Vormittag und zeigten es am Nachmittag vor vierhundert Schulern. Einer der männlichen Tänzer sagte zu mir backstage, ich hätte überhaupt keine Bremse eingebaut. Das war wohl als Kompliment gemeint.

Ein Zimmer zu finden, war in Dundee nicht schwer, wenn man keine Ansprüche hatte. Mrs Ashleys Haus, ein Halbhaus, natürlich, lag in einer der Wohnstraßen, die zum Wasser hin abfallen. Es hatte eine offizielle Haustür – ein Bündel Thymian, ungefähr zwanzig Jahre zuvor hinter das schmiedeeiserne Gitter gezwängt, schützte das Fensterkaro. Wir aber, die Untermieterinnen, schlängelten uns zwischen dem Gartenzaun und den Mülltonnen hindurch und nahmen eine schmale Tür an der Seite des Hauses. Dahinter befand sich ein winziger Flur, in dem nichts stand und nichts hing und in dem man auch seine Schuhe nicht lassen durfte, so dass wir alle drei die hölzerne Treppe hochpolterten: Gwynneth, die Friseuse; Suzy, die Referendarin; und ich. Drei Zimmer und ein Bad hatte man da oben eingezogen, die Willkür der Partionierung sichtbar an den Deckenmotiven aus Stuck; Suzys Zimmer und meins teilten sich so etwas wie einen riesigen weißen Lorbeerkranz. Die Wand lief mittendurch.

Es wäre gar nicht auszuhalten gewesen, wenn wir nicht Mrs Ashleys Küche hätten benutzen dürfen. Dafür musste man wieder runter, raus, durch ein Tor und betrat die Küche vom Garten her. Die Hintertür war nie verschlossen, auch nicht nachts. Es gab Toast, Butter, Cheddar, Zwiebeln im Glas, Chips – Zeugs, an das man sich gewöhnen musste, wenn man mit Hummus und Falafel großgeworden war. Die Stehküche hatte ein Körbchen für Penny, ein nicht besonders kluges, aber gutmütiges Cockerspanielweibchen, dessen Stirn immer in Falten lag, Fleisch gewordene Sorge. An die Seite eines Schranks war eine Schiefertafel geschraubt, auf der sich bis drei Uhr nachmittags eintragen musste, wer am Abendessen teilnehmen wollte. Dieses fand um halb acht im angrenzenden Zimmer statt, ein Ritual, das sich Gwynneth und Suzy nicht entgehen ließen. Sie waren beide der Ansicht, dass man vielleicht irgendwo in Dundee besser speisen könnte, aber definitiv nicht für drei Pfund fünfzig.

Es war Sommer, oder jedenfalls sagten das alle, und kaum hatte ich mich an die Truppe gewöhnt, brachen wir auf nach Edinburgh. Ich war nur Ersatz, erst mal, aber dies war meine Gelegenheit, *Yama* zu sehen, unsere neueste Produktion, die in einer Art Trichter stattfand, in dessen dunkler Mitte irgendwann sämtliche Figuren verschwanden, um dann auf ziemlich witzige Weise – das Bein einer Tänzerin zuerst – wiederaufzutauchen. Wir hatten drei Termine, und die Anspannung war beträchtlich, denn das Festival zog internationales Publikum an, jede Menge Profis, und eine gelungene Aufführung konnte eine ganze Tournee nach sich ziehen, mit ein bisschen Glück. Ich kannte eine Videoaufzeichnung, aber die Show vor ausverkauftem Haus war eine ganz andere Sache: der Moment totaler Ratlosigkeit, wenn alle Tänzer im Trichter abgetaucht waren. Was, schon vorbei? Herauskriechend aus ihrem Loch, tragen alle wilde, weiße Perücken, eine Urhorde, die ein Ritual feiert. Trotz der gewissen Albernheit der Handlung war es möglich, die Zuschauer zu packen. Ich war sowieso ganz dabei, indem ich versuchte, sämtliche Tanzfiguren in ihrer Abfolge zu memorieren. Denn wenn ich jemals würde einspringen müssen, dann gewiss plötzlich und vielleicht ohne Probe.

Schon am nächsten Tag, nachmittags, war es so weit. Die Aufführung war noch besser angekommen als die am Abend zuvor, das Publikum außer sich, und beim letzten Abgang verstauchte sich eine auf der Hinterbühne den Fuß. Typisch für uns Tänzer: Wir verletzen uns nie auf der Bühne. Eher fallen wir Treppen hinunter, wenn es vorbei ist, und so war es bei Nelly auch.

Das Bühnenbild sollte bis zum Abend stehen bleiben, und hier war meine Chance: allein mit Damien, der sich das Ganze ausgedacht hatte. Drei Wochen Proben in eine Stunde gezwängt.

»Was glaubst du, was das Loch ist?«

»Keine Ahnung. Ein Vulkan?«

»Meinetwegen. Oder Brunnen. Vagina.«

»Okay.«

»Ihr werdet neu geboren und steigt zum Himmel auf.«

»Aber … wir steigen doch nicht zum Himmel auf.«

»Das ist das Narrativ. Wir versammeln uns ein letztes Mal. Wir verbinden uns. Über uns ist ein Himmel, das musst du dir vorstellen. Wir werden immer leichter, und bevor wir abheben, gehen die Lichter aus.«

Christen eben, dachte ich, aber macht ja nichts. Es gab noch eine weitere Probe mit dem kompletten Ensemble. Alle machten mir Mut, auch Nelly, die bandagiert in der ersten Reihe saß. Niemand im Publikum wusste, dass jemand ersetzt worden war. Am nächsten Morgen hatten wir die Einladung zur japanischen Tournee. Die Rückfahrt im Bus glich einem Triumphzug und endete in einem Keller neben der Kunsthochschule, der Art Bar.

So kam es, dass ich dazugehörte oder mich nicht mehr fühlte wie nach einem Schiffbruch an Land geschwemmt.

Man möchte nicht meinen, dass Tänzer besonders viel Alkohol trinken und schon gar nicht Bier, aber hier sah das anders aus. Sogleich vermischten sich unsere Leute mit denen von der Akademie. Aus den Lautsprechern kam schepprige englische Musik, die vielleicht zur Zeit meiner Geburt neu gewesen war, viel zu düster, eigentlich, für diese Leute und diesen Ort, die es normal fanden, darüber hinwegzubrüllen, die Männer mit mehr Erfolg als die Frauen. Nelly war schon bald an einem kreisrunden Tisch eingeschlafen. Ihr Haar lag vor ihrem Kopf wie ein Fell, ein Schweif. Die über dem Tisch aufgehängte Lampe leuchtete es aus, während das Gesicht im Dunkeln blieb. Da gab es goldene, rötliche und sogar silberne Töne, und alle waren Natur. Ich verbrachte einige Zeit damit, die Details zu studieren, bis plötzlich ein Mund in der Nähe meines Ohrs war, die Stimme eines jungen Mannes, fragend, ob ich Aquarellstifte bräuchte, er habe welche dabei.

Als ich den Kopf zu ihm drehte, erreichte mich die Alkoholfahne, bevor ich noch auf sein Gesicht scharfstellen konnte. Nicht unbedingt unangenehm, wenn man bedenkt, dass Trunkenheit im unteren Bereich in einem gewissen Verhältnis steht zu erotischem Mut. Merkwürdigerweise dachte ich genau das, als ich mich umwandte und in sein Gesicht sah. Man sieht doch immer mehr als nur ein Gesicht. Man sieht, ob jemand zu dick ist oder als Kind geschlagen wurde oder sich nur ungern wäscht, was alles bei ihm nicht zutraf – ja, er war wirklich alles Mögliche eher nicht. Man durfte noch raten. Raten, wie er heißt oder woher er kommt, aber damit hatte ich schlechte Erfahrungen gemacht. Die meisten verrieten gern, wo sie herkamen, aber dann war es an mir, es zu sagen. Als Nächstes hieß es, dass ich zu bedauern wäre, wegen des Kriegs; dass ich wahrscheinlich deshalb hier wäre; und dass die Hamas irgendwie auch recht hätte, sich zu wehren. Manchmal fiel es etwas vager oder höflicher aus.

Er war der Typ mit den schmal geschnittenen Augen, nein, nicht schmal, sondern dreieckig, was in Kombination mit einem gewissen Leuchten etwas Schalkhaftes hatte. Ein bisschen wie Kris Kristofferson, den ich einmal in einem Film gesehen hatte. Vielleicht war das Schalkhafte nicht schon immer da gewesen, sondern hatte sich so ergeben: jemand, der vor dem Spiegel steht und sich selbst zublinzelt, mit der entsprechenden Wirkung nach einigen Jahren. Das könnte man so einen fragen, wenn er aquarelliert, wobei man nicht ihn selbst als Beispiel nehmen würde, sondern jemand anderen, vielleicht diese persische Frau mit den etwas hervortretenden Augen, Augen, die schon groß sind, aber sich noch größer machen. Jemand rief ihn vom Billardtisch her, aber man konnte nicht sehen, wer, denn es war ziemlich voll, und er stand auf und berührte mich kurz an der Schulter, als seien wir ein altes Paar, das sich wortlos verständigt. Später traf mich sein Blick aus größerer Entfernung durch die Menge, so als würde ein Messer geworfen, und dann, wie konnte das sein, war er nicht mehr zu sehen, als sich gegen elf die Art Bar lichtete.

Für den Freitag war – auf der Kreidetafel – Paella angekündigt, offenbar etwas Besondcres, denn sonst war nie angeschrieben, was es gab. Die Namen der anderen standen schon dran, der von Gwynneth wie ein Blumenbouquet, während Suzys Namenszug aussah wie ein kleines Boot auf einer Welle. Also schrieb ich meinen Namen dazu. Die Proben gingen aber lange, so dass ich am Abend mit dem Fahrrad hinunterrasen musste zu Mrs Ashley, über den Ring hinweg, wo ich die Sache mit der Fahrtrichtung vergaß und nur deshalb mit dem Leben davonkam, weil ein Lieferwagen eine Vollbremsung machte, mit quietschenden Reifen. Ich winkte »danke«, so wie in einem Monty-Python-Film, und musste auf dem Weg zum Haus dann wie blöd lachen, weil ich doch die Tänzerin ohne Bremse war. Es war gedeckt, und es gab sogar Rotwein – ohne Aufpreis, wie Mrs Ashley mir erklärte, zur Paella immer gratis. Mir wurde der Stuhl am freien Ende des Tisches zugewiesen, wo ich Platz nahm, während Penny in der Küchentür sitzend das tat, was sonst nur Kinder tun: Sie starrte die Neue an.

Ich war noch ganz in Gedanken, bei der Choreographie von *Winter Is Hard*, dem neuen Stück. So entging mir der Anfang eines Gesprächs, das – wie sich zeigte – eine Debatte war, obwohl eine jede versuchte, mit ganz alltäglicher Stimme zu sprechen, und zwar über eine Volksabstimmung, die offensichtlich bevorstand, nämlich ob Schottland die Europäische Union verlassen sollte. Das heißt, nein, ich hatte eben den Anfang verpasst und begriff erst langsam, dass das, was Suzy gerade gesagt hatte – mit der Bestimmtheit der Pädagogin –, die Konsequenz betraf. »Die Union zu verlassen« hieß in diesem Fall, sich vom Vereinigten Königreich loszusagen, und der Verlust der Mitgliedschaft in der Europäischen Union wäre die unmittelbare, nicht zu vermeidende Folge. Das schien Gwynneth völlig unbedeutend, »Ach wo, es sind doch die Engländer, die Brüssel hassen. Wenn das UK die EU verlässt, und wir gehören noch zum UK, kommen wir nie wieder rein. Sind wir aber unabhängig, nimmt die EU uns mit Kusshand.«

Suzy: »Nachdem wir ungefähr zehn Jahre gewartet haben, das kann sein.«

Gwynneth: »Zehn Jahre gewonnen: ohne Königshaus, ohne Kriege unter dem Oberkommando Washingtons, ohne Ausbeutung durch Börsenspekulanten ...«

»Ich frage mich nur, was sie dann mit mir machen: Muss ich dann das Land verlassen?«, fragte Mrs Ashley, aber es klang rhetorisch.

Penny gab ein unterdrücktes Heulen von sich, was der ganzen Sache ihren Ernst nahm. Sie saß noch immer auf der Schwelle.

Umgekehrt, zur Stadt hoch, war es zu steil, also schob ich das Fahrrad. Es war ein klappriges Ding, das ich per Aushang im Supermarkt aufgetrieben hatte für dreißig Pfund, mit einer altertümlichen Schaltung, drei Gängen, wobei der erste gelegentlich von alleine in den zweiten sprang. Aber das Licht ging hinten wie vorn und die Bremsen auch. Mit einem Spangenschloss blockierte man die Speichen des Hinterrads. Ich sagte mir, dass sowieso niemand dieses Fahrrad haben wollte, und falls doch, dann würde ich etwas über Dundee in Erfahrung gebracht haben. Noch war die ganze Stadt mir ein Rätsel, oder ich hatte nicht viel mehr zu greifen als den Zipfel einer Ahnung. Das Fahrrad hügelan schiebend, war ich bei Dunkelheit unterwegs in die Art Bar.

Als wäre dies der zweite Akt des gleichen Stücks, waren auch hier Befürworter und Gegner der Loslösung Schottlands, oder wie man das nun genau nannte, versammelt. Ach nein, die meisten hatten damit nichts zu tun, die Billardspieler nicht und die knutschenden Liebespaare nicht und vielleicht auch nicht der wettergegerbte Alte, der sich als Einziger ins studentische Milieu gewagt und ganz rechts am geschwungenen Tresen Platz genommen hatte. Ich rückte den Barhocker neben ihm beiseite und gab stehend meine Bestellung auf, mit den Pfundnoten schon in der Hand, denn man zahlte sofort, und da ich warten musste, bis der Cider kam, hatte ich Zeit, die drei Banknoten zu betrachten, und bemerkte, dass zwei davon nicht schottisch, sondern englisch waren. Unsicher, was das zu bedeuten hatte, wandte ich mich an den Alten, der sich in dem typischen Singsang, einer Art Slalomfahrt um schwere Steine, die sich als »r« ausgaben, amüsierte über die Fremde und mich aufklärte, bevor der Wirt wieder da war, dass die Währung gleich notiert war und man in Schottland mit englischem Pfund zahlen könne. Genau wie man in London schottische Pfund loswürde, und wem das nicht passe, der könne immer noch zur Bank gehen und sie eintauschen. Da er sich auskannte und kein Hitzkopf war – er hatte das gänzlich neutral dargelegt –, fragte ich ihn, wie es möglich sei, dass man in den vergangenen drei Wochen von der Wahl zur Unabhängigkeit – ja, so hieß das wohl – nichts gehört habe, während nun alle darüber sprachen. Er antwortete, er glaube, das läge daran, dass die Befürworter der Unabhängigkeit bis vor kurzem geglaubt hätten, dies wäre eher ein politischer Schachzug ihrer Regierung, um an den Kräfteverhältnissen zu rütteln, während die jüngsten Umfragen zeigten, dass ein Sieg der Befürworter nicht mehr ausgeschlossen sei. »Sie packen die anderen beim Revers. Mehr aber auch nicht.« Ich war so froh, eine unabhängige Stimme gefunden zu haben, dass ich ihn fragte, wie er selbst zu der Frage stünde. Darauf sagte er:

»Ich bin gewiss von ganzem Herzen Schotte. Aber sieh,

meine Eltern waren irische Katholiken, die hierher geflohen sind, als ich zwölf war. Sie waren fest entschlossen, sich
ihr Leben von der Politik nicht zerstören zu lassen, von der
Politik der einen oder der anderen Seite.«

Kaum war das ausgesprochen, zeigte ein junger Mann
auf ihn, nahm aber seine Worte auf, als hätte der Alte behauptet, die Politik Londons wäre zerstörerisch. Etwas
Mühe hatte der Jüngere, auf beiden Beinen zu stehen. Für
das Coming-out als Befürworter musste man sich Mut an-
trinken. »Davy«, rief einer, der sich an den Tresen zu lehnen
von Westernfilmen abgeschaut hatte, und der betrunkene
Schotte sah den an, der gerufen hatte, einen schmalen Rothaarigen mit unbeirrtem Blick:

»Davy, ich bewundere deinen Patriotismus ab zwei
Promille aufwärts. Aber was du mir nicht erklären kannst,
ist, was für die Schotten wirklich drin ist, außer vielleicht,
noch schottischer zu werden. In zwanzig Jahren gibt es
dann im klassischen Orchester keine Klarinetten mehr,
sondern nur noch Dudelsäcke? Und jetzt sag mir mal, wo
ihr eure Inspiration hernehmen wollt, wenn ihr die Engländer zu Ausländern erklärt – wenn ihr euch abschneidet
von Gainsborough und Turner und Bacon? Weißt du, was
urschottisch ist, Davy? Nein? Urschottisch ist ein presbyte-
rianischer Prediger. Urschottisch ist, in lichtlosen Lehm-
hütten im Hochland zu leben und nichts zu beißen zu
haben. Urschottisch ist, noch einen Felsen im Atlantik da-
zuzukaufen, der Unmengen von Steuergeldern verschlingt.
Urschottisch ist, im karierten Rock einer mittelmäßigen
Fußballmannschaft hinterherzureisen – mit einer irischen
Fluggesellschaft, natürlich. Die Hälfte von dem, was hier
wirklich Eindruck gemacht hat in den letzten hundert Jahren, kommt aus dem UK, und die andere Hälfte kommt

aus Amerika. Gäb's einen Rest, wäre er Einbildung, sonst nichts, aber es gibt keinen Rest. Ich habe wirklich nichts gegen eure Folklore, aber das bringt euch nicht über die nächsten hundert Jahre. Niemals!«

»Warte«, rief Davy, nun wie der Rothaarige mit dem ganzen Rücken zum Tresen, so dass er nicht mehr umzufallen drohte und das ganze Lokal ansprechen konnte. Der Wirt hatte die Musik abgestellt. »Spencer«, rief Davy nun, was sofort zu Unruhe führte, weil der Sprecher es versäumte, den Rothaarigen dabei anzusehen, »du kannst es nicht besser wissen. Du kommst aus einem rückständigen Land voller Staub, wo die Kängurus auf den Rastplätzen die Mülleimer leerfressen. Niemand kann sich merken, wie eure Hauptstadt heißt. Zwei Jahrzehnte hat man in Europa die Verbrecher auf Schiffe geladen und an eurer Küste abgesetzt. Weil ihr so blöd wart, nicht Abschied nehmen zu können, habt ihr das Profil einer Frau, die im Buckingham-Palast zu London seit hundertfünfzig Jahren Königin spielt, auf eure Münzen prägen lassen. Das ist euch teuer zu stehen gekommen, denn dafür musstet ihr in lumpige europäische Kriege ziehen, gegen Türken kämpfen, gegen Nazis, gegen die Mullahs.«

Alle hatten das gehört. Die einen schien es zu amüsieren, den anderen war das Entsetzen ins Gesicht geschrieben.

»Bis heute habt ihr nicht aufgehört, euch für Ersatzengländer zu halten, für Briten zweiter Klasse, die am Nachmittag die Schuluniform gegen das Cricket-Outfit tauschen, damit bloß niemand denkt, ihr wärt im Outback geboren. Da draußen, bei den roten Felsen, tupfen Eingeborene Linien auf Tücher, Linien, die aus Punkten bestehen, und das wird dann im Museum für zeitgenössische Kunst ausgestellt. In der Kunst seid ihr bis heute nicht weiter als Finnland oder Peru um 1900, kein Wunder, dass du nach Dundee gekommen bist, um in eine Kunstakademie reinschnüffeln zu dürfen.«

Es gab vereinzelten Applaus und einige spitze Lacher. Der rothaarige Spencer hatte sich inzwischen von Davy wegbewegt, dem Volksredner Platz machend, und stand jetzt am Tresen, mit dem Rücken zum Saal, neben mir. Er wollte nachbestellen. Der Wirt aber blätterte mit der Linken durch einen Packen Schallplatten, nahm eilig eine LP aus ihrer Hülle, prüfte, welche Seite, legte sie auf, und aus den Lautsprechern kam, wie von ganz nah, die heisere Stimme einer jungen Frau:

»Every light is on but all the rooms are empty except one«, gefolgt von Gitarrenakkorden, aufsteigend, als wenn jemand die Hand nach einem ausstreckte. Sogleich waren unsere Stimmen wieder da, die sich mit der Musik vermischten, »Baby won't you come on home«, jetzt schon nicht mehr heiser, in der tieferen Lage voll und schmeichelnd, und die Bar war erst mal wieder das, was sie zuvor auch gewesen war. Spencer hob seine Hand für ein weiteres Pint. Mit einem Blick versuchte er zu erfassen, ob ich zu dem Alten auf der anderen Seite gehörte, riet richtig, und als er sein Glas in der Hand hatte, reichte ein genuschelter Satz, um mich mitzunehmen an einen großen Tisch, der, den Frisuren und Moden nach zu urteilen, den Kunststudenten gehörte. Die Diskussion über die schottische Unabhängigkeit ging weiter. Ein Holländer fürchtete, dass ihm nach dem unfreiwilligen Austritt Schottlands aus der EU sein Erasmusstipendium gestrichen werden würde; ein Kroate konnte gar nicht begreifen, wie man die Mitgliedschaft in der EU riskieren könne, die sein Land erst »nach langem Männchenmachen«, wie er sich ausdrückte, endlich bekommen habe. Eine Spanierin schien das Ganze gar nicht für ein politisches Thema zu halten, sondern eher für einen Schönheitswettbewerb der Nationen: Spanien aber war in seinen Vorzügen unschlagbar. Sie bemerkte das Grinsen der anderen nicht. Die Redner, die die Debatte am Laufen hielten, verstand ich nur bruchstückhaft: ein Schotte, den sie Boy George nannten, behauptete, die Schotten könnten von Glück reden, dass ihre Abgeordneten in London nicht enthauptet würden; während ein Engländer, der als Brad Pitt angesprochen wurde, mit einem kaum verständlichen Akzent propagierte, die Engländer sollten, wie schon so oft zuvor, Schottland militärisch plattmachen. All das wurde bitterernst vorgetragen, es war schrecklich laut, und ich brauchte lange, um herauszufinden, dass es ein Spiel war. Das galt aber nicht für den Nebentisch, wo man über das schottische Thema auf die Lage der Welt im Allgemeinen gekommen war, Syrien, Ägypten, Mali, und schließlich hörte ich jemanden betrunken rufen, er hoffe, die Hamas würde Tel Aviv mal in Schutt und Asche legen, worauf ich spürte, wie sich mir der Magen umdrehte, und, weil wir so eng saßen und mein Stuhl festgehakt war, ich mir selbst auf den Rock kotzte.

Früh am Morgen telefonierte ich mit den Eltern – erst der Vater und dann die Mutter. Immerhin, die Wirklichkeit war zurückgekehrt. Müde und verstimmt schob ich mein Fahrrad hügelan, hielt für einen Donut und Kaffee und beschloss, durch die Scheibe nach draußen blickend, dieses idiotische, verbiesterte Land zu verlassen. Der Rest des Wegs war ebenerdig, und ich radelte schnell zum Auditorium, während das dunkle Wolkenbett plötzlich aufriss und grelle Sonnenstrahlen durch die Stadt rasten, als würde jemand von höchster Stelle gesucht.

Bo Svensson war aus Oslo eingeflogen und würde heute mit den Proben für *Winter Is Hard* beginnen, was mit einem deutschen Liederzyklus zu tun haben sollte. Es war jedenfalls, wie der Klavierlauf des ersten Stücks deutlich machte, eine Musik, die von Herzen kam. Bo, ein blonder, wackerer Skandinavier, ließ jeden von uns einzeln zu den ersten zwei Minuten der Musik eine Improvisation tanzen – Nelly machte etwas Lustiges auf einem Bein – und verkündete sogleich, wir seien alle auf höchstem Niveau und er werde die Choreographie »mit unserer Hilfe« so entwickeln, dass Rollen gewechselt und getauscht werden könnten – was war jetzt der Unterschied zwischen getauscht und gewechselt? Plötzlich wurde mir klar, dass ich kein Ersatz mehr sein würde. Ich gehörte jetzt dazu. In der Mittagspause fiel mir ein, dass ich am Morgen im Donutshop beschlossen hatte, die Stadt zu verlassen.

Ich war noch nie in Deutschland gewesen, noch nicht einmal auf einem Flughafen, und hatte doch irgendeine Vorstellung von deutscher Romantik, was mir erst bewusst wurde, als Bo sagte, wir sollten erst einmal alles vergessen, was wir über die deutsche Romantik wüssten. Meine Vorstellung ging zurück auf einen Arbeitskollegen meiner Mutter, einen Bibliothekar, der bereits pensioniert war, als ich noch zur Schule ging, und uns regelmäßig besuchen kam. Anfangs vielleicht wegen meiner Mutter, die seine Verbindung zur Arbeitswelt darstellte, und dann eher meinetwegen. Denn ich hörte ihm zu, worauf sonst keiner große Lust hatte. Sein Vater war ein Deutscher gewesen, der noch rechtzeitig abgehauen war, ein Siedler in Palästina. Der Bibliothekar hatte als erwachsener Mann die deutsche Literatur, Musik und Baukunst entdeckt, eine Passion, die in Tel Aviv nur Immigranten mit ihm teilten, die sich noch an das erinnerten, was sie »das gute Deutschland« nannten; nur noch wenige von ihnen waren am Leben und diese uralt. So kamen die Namen Lessing, Kleist und Heine zu mir. Von den Romantikern waren keine Namen hängengeblieben, sondern allein die Vorstellung einer großen Wohngemeinschaft in Weimar oder Jena. Deren Geschichten und Gedichte waren aus dem Leben geschöpft, einem Leben, in dem vieles neu war, vor allem aber die Rolle der Frauen, die sich dann auch die Freiheit nahmen, von einem Mann zum anderen zu wechseln – ich dachte als Schulmädchen: zu dem, der klüger war. So jedenfalls hätte ich es gemacht.

Der August war schon halb vergangen, als ich mich wieder in die Bar traute, hoffend, dass meine Entgleisung dort inzwischen vergessen war. Stattdessen wurde ich von Spencer an denselben Tisch gewunken, der diesmal nicht so dicht besetzt war, und ich achtete darauf, dass meine Stuhlbeine sich nicht mit denen eines Nachbarn verhakten, als ich mich setzte. Neu an dem Tisch war ein Mondgesicht namens Brian, der Prototyp des soeben bekehrten Verfechters der Unabhängigkeit. Seit dem letzten Abend in der Bar hatte ich immerzu davon gehört, im Radio, im Donutshop, beim Friseur (wo Gwynneth arbeitete, aber ihr Chef hatte mir die Haare geschnitten), bei einem weiteren Abendessen mit Mrs Ashley. Und wir waren für eine Fernsehdebatte geblieben, die wir in ihrem Wohnzimmer verfolgten. Im Fernsehen sprach der Befürworter sehr steif und ungeschickt, damit war die Sache eigentlich entschieden. Aber die Umfragen am nächsten Tag meldeten wenig Veränderung; im Osten Schottlands, inklusive einiger Stadtteile Edinburghs, lagen pro und contra gleichauf.

Brian konnte es bei weitem besser als der Mann im Fernsehen. Seine Rede erweckte den Eindruck, Schottland

sei modern, sozial und vernünftig, während England be-
herrscht zu sein schien von einem weltfremden Königshaus,
raffgierigen Bankern und kriegstreiberischen Politikern. Es
leuchtete schon ein, dass daran festzuhalten unschottisch
und kleinmütig wäre. Allerdings hatte Brian in seinem
Eifer nicht bemerkt, dass seine zwei oder drei schottischen
Kommilitonen ihm nicht zustimmten. Die anderen, die
etwa zur Hälfte aus England oder Irland stammten und
zur anderen von irgendwoher auf der Welt – wie Spencer
oder ich –, äußerten sich zwar kenntnisreich, aber in der
Absicht, die Fronten zu verwirren. Es war jetzt zu spät,
Brian anzustupsen und ihm zu sagen, dass die Rede in
dieser Runde satirisch sein sollte, das hätte ihn noch mehr
entflammt. Nicht nur er hatte keinen Sinn für die unaus-
gesprochene Regel, sondern auch die Spanierin, die das
»Problem mit den Basken« aufbrachte, die ihrer Meinung
nach alle Terroristen waren und ins Gefängnis gesperrt gehörten, was wiederum Brian durcheinanderbrachte, denn
sie stellte es so dar, als wenn die Sache Madrids irgendwie
vergleichbar wäre mit der Sache Edinburghs – ein Fall von
unfreiwilliger Satire kombiniert mit Ahnungslosigkeit, was
allen am Tisch eine Freude war. Sie schwoll an vor Stolz.
Die Sache wurde hitzig und unauflösbar, und wenn mich
nicht alles täuschte, hatte mindestens eine Handvoll unter
den Jungen die Spanierin fest im Blick, mit dem Hinter-
gedanken: Jetzt nicht der sein, der sie bloßstellt, sonst krieg
ich die nie ins Bett.

Mir gefiel es, mit den anderen dort zu sitzen und gelegentlich jemandem in die Augen zu schauen, ohne wirklich zuhören zu müssen. Meine Gedanken schweiften ab
ins Auditorium, auf unsere noch kahle Bühne, die Bo von
uns hatte stumm bespielen lassen. Er nannte die Ideen der

Lieder, ihre Motive, und ließ uns improvisieren. Dann verkündete er: Das ist schon gut so, aber stellt euch vor, dass ihr anfangs alle einsam seid, kalt, und im Laufe der Handlung zueinanderrückt, Fremde, die sich aneinander wärmen. Die erste Musik kam über die Lautsprecher. Nicht, wie alle erwartet hatten, ein deutsches Lied mit Gesang und Klavier, sondern eine rein instrumentale Aufnahme irgendeiner Gruppe aus Schweden. Die einen sagten in der Sandwichpause, das sei eigentlich die romantische deutsche Musik, wie man sie kenne, nur ein bisschen elektronisch verfremdet, während die anderen glaubten, das habe mit dem Original gar nichts zu tun. Es handele sich um nordische Volkslieder. Ich war die Einzige, die überhaupt nichts wusste. Später, zu Hause, hörte ich bis in die Nacht Aufnahmen der *Winterreise* auf YouTube. Mir fiel auf, wie die Melodien wacker Textzeilen nachformten; die Kunstlosigkeit war wohl die Kunst.

Es ist doch wirklich bemerkenswert an Gruppen, dass man sich ihnen unmöglich anschließen kann, ohne irgendeinen Verdacht zu wecken. Andererseits braucht es nur einen, der der Fremden ein Handzeichen gibt, und schon verkehrt sich die Regel in ihr Gegenteil. Dieser eine war der Rothaarige gewesen. Spencer musste ein großes Herz haben, denn er wiederholte das jedes Mal, wenn ich in die Art Bar kam. Mein Wunsch, dort abzutauchen, alle brabbeln zu lassen und gelegentlich die rot lackierte Decke zu studieren, war so übermächtig geworden, dass mir eine gewisse Veränderung des Klimas gar nicht aufgefallen war; nicht, bis Davy im Schottenrock anrückte. Es waren keine drei Wochen mehr bis zur Abstimmung, und führende Politiker aus England waren nach Schottland gereist, um vor einer Abspaltung zu warnen.

»Spencer«, rief Davy über den Tisch, »ich habe über deine Einwände nachgedacht. Und ich bin zu dem Schluss gekommen, dass das alles der Talk von Kolonialisten ist. Die Kolonialisten glauben immer, im Besitz wichtiger Kulturgüter zu sein, der richtigen Kirche anzugehören und ein Monopol auf die Staatsform zu haben. Die anderen sind Tollpatsche, Dummköpfe an den Peripherien, denen man zeigen muss, wo es langgeht, weil sie es selbst nicht wissen.« Er schnappte nach Luft, aber verpasste irgendwie den Anschluss. Es spielte keine Musik, und die Gruppe verfiel, was noch nie vorgekommen war, in Schweigen.

Spencer stand auf und ging zum Tresen, sein Bier in der Hand, wo er sich neben den alten Iren setzte. Der vielleicht auch gar nicht alt, sondern nur von einem Arbeitsleben im Freien etwas verwittert war. Spencer begann sofort mit ihm zu sprechen, und die Gruppe schien ihn vergessen zu haben. Davy in seinem Aufzug war nun der Mittelpunkt.

Ein eher kleinwüchsiger Akademiestudent mit pechschwarzen Haaren rief ihm zu: »Davy, das mit dem Kolonialismus gefällt mir nicht. Okay, Schottland hat vor drei oder vier Jahrhunderten einen Krieg verloren, aber deshalb sind wir keine Kolonie. Und wer waren die irren Fürsten, die sich damals zusammengerottet haben, um England zu besiegen? Was haben wir mit denen zu tun?«

»Was soll ich sagen!«, rief Davy. »Du bist ein Feind der schottischen Unabhängigkeit. Und wer keine …«

»Bin ich gar nicht«, entgegnete der Schwarzhaarige leise. »Ich bin mir gar nicht sicher, ob ich nicht am 18. für die Unabhängigkeit stimme. Aber nicht, weil ich glaube, dass wir eine englische Kolonie wären. Das ist einfach Unsinn.« Eins war klar: Mit dem Rollenspiel war es vorbei.

Davy saß für einen Moment mit offenem Mund da, und ich war versucht, etwas zu fragen. Aber ich hielt die Klappe.

»Was ich so merkwürdig finde, ist, dass eine *Regierung* die Unabhängigkeit betreibt. Und auch, dass es eine *linke* Regierung ist. Bei uns sind es immer die Rechten, die Flamen von Belgien abtrennen wollen. Sie tun so, als wären französisch sprechende Leute, Leute wie ich, eine andere Rasse.«

»Siehst du«, rief Davy, »das ist der Unterschied. Und wenn du Belgier bist, kannst du sowieso nicht mitstimmen.«

Der andere zögerte und sagte dann fast unhörbar: »Ich bin beides. Du stellst dir das alles zu einfach vor.«

Jemand hatte sich vom Tresen herüberbewegt und hinter dem Schwarzhaarigen aufgestellt. »Darf ich mitreden?« Ein Murmeln signalisierte Einverständnis.

»Ich bin ein gut ausgebildeter Handwerker. Heizungsmonteur, ursprünglich. Vor mehr als zehn Jahren hat mich eine Firma engagiert …«

»Schottisch oder englisch?«, unterbrach ihn Davy.

»Koreanisch, mit Sitz in Birmingham. Es gibt Tochterfirmen, und eine davon sitzt in Glasgow, von der bekomme ich mein Geld. Wir installieren Belüftungsanlagen in Krankenhäusern. Ich wechsle immer den Arbeitsplatz, ich bleibe nirgendwo länger als zwei Jahre. Ich habe überall im Vereinigten Königreich gearbeitet. Und ich möchte wirklich nicht in London um Arbeit betteln müssen, als Ausländer. Unabhängigkeit klingt natürlich schön, Leute, aber es ist eben doch Separatismus. Alle sagen, das Problem lässt sich lösen, das Leben wird für dich hinterher nicht schwieriger als vorher. Aber stimmt das? Und Leute, es interessiert mich nicht, ob es in zwanzig Jahren funktioniert, dann ist mein Arbeitsleben nämlich vorbei. Es geht um das nächste Jahr und das übernächste.«

Die mit dem Rücken zu ihm saßen, hatten sich zu ihm umgedreht. Der belgische Schotte lächelte weise. Man hörte ein dumpfes Poltern aus dem Billardraum. Jetzt fixierten alle Davy. Er musste es ja wissen.

»Nun ja …«, sagte er. Die Außentür ging auf, und eine Frau in meinem Alter, mit zwei Musikkoffern bepackt, trat ein. Einer war klein mit Stiel, als steckte darin eine Pfanne, und der andere ein Klotz.

»Herr Klimaanlagenmeister«, sprach Davy, »das sind doch praktische Probleme, die Politiker allemal in den Griff bekommen.«

Der Heizungsbauer rührte sich nicht. Inzwischen waren die Instrumentenkoffer geöffnet, und ein Banjo wurde gestimmt. Der Ire vom Tresen hatte sich das Akkordeon genommen und drückte eine Taste, wahrscheinlich das C. Im nächsten Moment spielten die beiden, und als das Mädchen sang, zerfiel unsere Gruppe. Einige eilten zur Bar, andere stellten sich um die Musiker herum auf. Ich war unter den letzten und nahm, wie gute Mädchen es tun, mein leeres Glas mit, als ich aufstand. Im nächsten Moment lag es zerbrochen am Boden. Ich war in den Heizungsbauer hineingelaufen, der immer noch an derselben Stelle stand, mit einem vorgestreckten Bein wie ein Denkmal.

So lernten wir uns kennen, falls man das so sagen darf. Er kannte nämlich die einfachen Tänze, und ich kannte sie nach wenigen Schritten ebenfalls. Wie überhaupt der Tanz ja alle verändert; Davy im Schottenrock und die Spanierin bildeten ein Paar. Das musste man gesehen haben.

Mir gefiel Christopher, der Heizungsbauer, sehr. Er war vielleicht doppelt so alt wie ich, aber er bewegte sich wie ein junger Mann, und er trank auch nicht so viel wie die Kunststudenten. Ich ließ mich also in den Abend fallen, und als er mich fragte, sagte ich ihm meinen Namen, den er nicht verstand im allgemeinen Lärm, »Becka?«, und ich nickte, ja, denn warum sollte ich nicht Becka sein, hier und jetzt. Schon hatte er angedeutet, er wohne in einer Pension um die Ecke, einer Etage in einem Altstadthaus ohne Portier, und ich begann mich innerlich in Form zu bringen, so wie das eben nötig ist, wenn man plötzlich mit einem Fremden mitgeht, als die Tür sich wieder öffnete und der Junge mit den schmalen Augen eintrat. Christopher war verwirrt, als ich das Band wieder löste, zumal er den Grund nicht erkennen konnte. Bald machte ich mich auf den Heimweg.

Während ich darüber nachdachte, ob es die *Winterreise* im Deutschen doppelt gäbe – hieß nicht so auch dieses antideutsche Gedicht von Heinrich Heine? –, sprang auf der Talfahrt meine Fahrradkette ab, und als sie wieder drauf war, waren meine Hände schwarz. Während ich über dem stumpfen Porzellanbecken unseres Gemeinschaftsbads versuchte, das Öl von meinen Händen zu waschen, schaute Suzy zur offenen Tür herein. Sie sah verweint aus, aber ein Lächeln huschte ihr über die Lippen, als sie sah, womit ich kämpfte. Sie öffnete im Flur ein Fach mit Putzmitteln, schob Dinge hin und her und kam mit einem Topf zurück, auf dem »sandfreie Seife« stand, obwohl die braune Paste genau das Gegenteil zu sein schien, nämlich mit Sand durchsetzte Seife. Suzy verteilte sie zunächst auf meiner Linken, die sie dann mit Geschick massierte, so dass die Paste erst das Grobe und dann die feineren schwarzen Spuren löste, und dann auf der Rechten. Ich ließ das geschehen wie ein Kind, auch das Trocknen der Hände, wofür sie ihr eigenes Handtuch nahm, aus flauschigem Frottee in der

Farbe der Lavendelblüte. Im Flur fragte ich sie, warum Gwynneth' Tür nicht zu war wie sonst – das hatte ich schon beim Hereinkommen bemerkt –, aber statt zu antworten, stieß sie die Tür mit dem Fuß ganz auf, und ich sah, dass unsere dritte Mitbewohnerin Hals über Kopf ausgezogen war. Und während sie wieder zu weinen begann, zog mich Suzy in ihr Zimmer.

Es hatte beim Abendessen einen Streit gegeben. Gwynneth war nämlich zu der unumstößlichen Anschauung gelangt, dass sich nun jeder und jede zur Unabhängigkeit Schottlands bekennen müsse, worin sie sich mit ihrem Chef und den Kolleginnen im Friseurgeschäft einig war. Alle anderen waren Unterdrücker und Chauvinisten, so viel war ihr klargeworden, und der Versuch, durch Meinungsumfragen die Mehrheit der Schotten zu manipulieren, die selbstverständlich mit Ja stimmen würden, wäre nichts anderes als ein typisches Beispiel für die Unterwerfung heimischer Medien unter die britischen, die schon immer vorgegeben hätten, was man in diesem Land sagen dürfe. Die Ankündigung des konservativen Ministerpräsidenten aus London, Edinburgh zu besuchen und für Neinstimmen zu werben, sei der endgültige Beweis, dass die Schotten sich damit abfinden sollten, in Abhängigkeit zu leben, gegen ihre Werte und ihre Natur.

Suzy hatte versucht, das Gespräch auf andere Dinge zu lenken, aber Mrs Ashley befand Gwynneth einer Antwort für würdig. Sie erzählte, sie sei in England geboren und aufgewachsen, habe sich aber als junge Frau bei einem Sommeraufenthalt in Schottland in einen Offizier verliebt, einen Schotten, und deshalb wohne sie auch heute noch in Dundee. Ihr Gemahl sei bei einer Nato Übung verunglückt, einen trivialen Tod nannte sie das, und natürlich hätte sie mit der Witwenrente zurückkehren können nach Yorkshire, und selbst für eine Reihenhauswohnung bei London hätte es vielleicht gereicht. Sie aber sei längst in Schottland heimisch geworden und habe sogar ihres Mannes wegen in die reformierte Kirche gewechselt. Ihr sei erst nach seinem Tod klargeworden, dass sie nicht ohne Grund einst einen Schotten gewählt hatte, weil sie nämlich mit dem Leben der Schotten sympathisiere, nicht aus übergeordneten Gründen – nicht etwa, weil sie das Rechtssystem der Schotten dem der Engländer vorzöge –, sondern weil sie in England, wie solle sie das ausdrücken, wie hinter einem Schleier gelebt habe, insbesondere, was ihre Rolle als Mädchen betraf. Die Schotten kämen ihr solider vor, ehrlicher und effektiver, und sie hoffe, sie habe davon das eine oder andere angenommen.

Diese Erzählung aber habe Gwynneth, so berichtete Suzy, überhaupt nicht zu schätzen gewusst, im Gegenteil, dann sei es doch klar, dass auch Mrs Ashley für die Unabhängigkeit Schottlands eintreten müsse. Nicht nur, dass Gwynneth nicht mehr bereit war zuzuhören, sie sprach auch zu laut; selbst Penny habe sich irgendwann maulend zurückgezogen. Suzy aber, die täglich als Lehrerin einiges einstecken musste, habe schließlich die Geduld verloren und Gwynneth ins Gesicht gesagt, dass sie fanatisch sei und gar nicht mehr bereit, irgendeinen Gedanken als eben ihren eigenen – und sie hatte leider auch gesagt: ihren »Friseusengedanken« – zuzulassen, und das könne sie nicht akzeptieren. Im Gegenteil, je mehr sie davon höre, desto mehr fürchte sie sich davor, mit Leuten wie ihr eingesperrt zu werden in einem Nationalstaat der Engstirnigen, die sich als Nächstes gegenseitig die Birne einschlagen würden.

Zu spät, »dusselig wie sie ist«, habe Gwynneth erkannt,

dass sie in dieser Runde mit ihrer Fixierung auf ein unbedingtes Ja niemandem würde Eindruck machen können, und ohne weitere Umstände erklärt, sie ziehe aus. Suzy wusste, dass sie seit einigen Wochen einen Freund hatte, einen strammen Schotten natürlich, der sie heiraten wollte: Insofern sei dies nur ein aufgeblasener Abmarsch gewesen. Sie habe sofort die Rechnung von Mrs Ashley verlangt, für die Abendessen, sei nach oben gestürmt, um zu packen, und völlig verblüfft gewesen, als Mrs Ashley ihr dann Geld zurückgab, indem sie nämlich Gwynneth die bereits gezahlte Septembermiete, umgelegt auf die verbleibenden Tage, anrechnete. Wofür diese sich nicht bedankt habe. Oben, als sie mit ihren Koffern, einem Fernseher, dem Bettzeug in Plastik und einer Lampe zum Auszug fertig war – sie wusste, dass der Freund vor dem Tor mit dem Auto wartete –, habe sie Suzy für das Debakel verantwortlich gemacht, und was Gwynneth gesagt hatte, wolle sie nicht wiedergeben, weil es ... Worauf sie wieder weinte, und ich strich ihr übers Haar und nahm sie in die Arme, und wie sie das annahm und nachgab, ahnte ich plötzlich, was es war, das Gwynneth gesagt hatte.

Als Suzy sich einigermaßen gefangen hatte, nahm sie zu meiner großen Verwunderung eine Flasche Whisky aus ihrem Schreibtisch, die sie mir reichte, dann trank sie selbst einige Schlucke in einer Weise, die mir sagte, dass es nicht die ersten des Abends waren, und mit einer ultraflachen Fernbedienung setzte sie, von der Bettkante aus, die Kompaktanlage in Gang. Da war wieder die warme Stimme der Sängerin, die ich in der Bar vor einigen Wochen zuerst gehört hatte, »alte Musik«, wie ich das nannte, weil ich nicht wirklich gelernt hatte, die Musikstile, die es vor meiner Geburt gegeben hatte, zu unterscheiden.

Was den Rest betraf, musste ich nicht überlegen. Ich war noch nie von einer Frau geküsst worden, aber wenn es denn sein sollte, war Suzy die richtige. Ihre Traurigkeit machte sie anziehend, und auch ich hatte inzwischen aus der Flasche getrunken. Viel stärker, als ich das je für möglich gehalten hatte, war es verführerisch, mit dieser Entschiedenheit gewollt zu werden. Sie feierte mich, sie bewunderte meinen Körper. Manchmal sind schon beim Tanz die Blicke der Zuschauer spürbar, fast physisch, aber dies war wie alle Blicke auf einmal. Sie versuchte nicht im Geringsten zu verbergen, wie sehr sie mich begehrte, und ich ließ mich treiben, dann noch ein Schluck von diesem herrlichen Whisky, und schließlich gab ich vollends nach und ließ es geschehen.

Es war kaum noch möglich, mit dem Fahrrad zum Auditorium zu kommen, weil die Innenstadt blockiert war von Ständen, Bannerträgern, Gruppen – alle wollten Einfluss nehmen auf die Volksabstimmung. Umso krasser war das Abtauchen in die Probe – ein anderer Ort, eine andere Zeit. Mich hatte mal im Kibbuz einer gefragt, woher man eigentlich wüsste, ob sich Menschen da draußen für das interessierten, was man in gänzlicher Abgeschiedenheit geprobt hatte, und ich hatte ihm geantwortet, er müsse sich das vorstellen wie das Öffnen einer lebenden Auster.

Bo hatte inzwischen Rollen für uns erfunden: Du bist das Mädchen, du bist ein Soldat, du bist die Hexe, du bist eine Rose. Ich war im ersten Aufzug ein Geistlicher und im zweiten die Rose. Es kamen Rollen dazu, andere fielen weg. Im dritten Akt wurde ich ein Hund, der um die anderen herumlief und sie beschnupperte.

In der Probenpause blieben wir in der Kantine, deren große Fenster auf einen alten Kirchhof schauten. Auf den

Plätzen der Stadt Dundee hätte ein Bürgerkrieg ausbrechen können, wir hätten es nicht gemerkt. Bo kündigte an, in der folgenden Woche werde die Musik fertig sein, mit Passagen von A-cappella-Gesang, und überhaupt, wie wir, da die Choreographie jetzt Gestalt angenommen habe, uns das Bühnenbild vorstellten. Da meldete sich eine sonst nahezu stumme Tschechin: Beim Sommerrundgang an der Kunsthochschule habe sie »etwas sehr Schönes mit Licht gesehen«. Es gab etwas Gelächter wegen der Unbeholfenheit ihrer Formulierung.

»Und was war das?«, fragte Bo.

»Es waren so … es waren Lichtteile«, sagte sie. »Mit zwei Seiten. Aber drehend. Und dabei veränderte sie Farben. Nein, nicht Farben, denn alle waren eigentlich nur weiß oder gelb oder mittendrin.«

Es kam Gelächter auf.

»Danke«, sagte Bo. »Das klingt ja wunderbar.«

Suzy versuchte nicht, mich noch einmal zu verführen. Sie sagte mir, ich sei die schönste Frau, die sie je in den Armen gehabt habe, aber eins wäre klar, ich sei straight. Wir lachten und fanden eine Menge zu reden. Sie unterrichtete Zehn- bis Zwölfjährige, von denen sie sagte, man müsse sich deren Köpfe von innen vorstellen wie einen Flipperautomaten, ein Schießen, Krachen, Leuchten und Bimmeln, und wenn man das nicht komplett akzeptiere, würde man an denen verrückt.

Wir verabredeten uns für den Sonntag der Abstimmung, und sie nahm mich sogar mit ins Wahllokal, wo sie ihre Stimme abgab. Um sechs standen wir vor dem Rathaus und sahen mit Tausenden von Menschen auf einer großen Leinwand die Projektion eines Fernsehstudios. Schon mit der ersten Prognose war unwiderlegbar, dass die Mehrheit gegen die Unabhängigkeit gestimmt hatte, und eine Viertelstunde später war der Platz fast leer, vermüllt mit Pizzakartons und Plastikbechern. Wir blieben, bis die lokalen Ergebnisse kamen, und erkannten nun, warum wir uns verschätzt hatten: Dundee hatte mehrheitlich für die Unabhängigkeit gestimmt – allerdings als einzige größere Stadt in ganz Schottland.

Am Montag gab es keine Probe, und ich verbrachte den ganzen Tag zu Haus. Meine Schwester hatte geschrieben, nein, mein Vater, er benutzte den Computer meiner Schwester. Sein Schachpartner war gestorben. Die Frage bei den älteren Leuten war immer, ob sie im Lager gewesen waren. Das war früher fast selbstverständlich, inzwischen seltener; wenn doch, dann als Kind. Das war zu beachten, wenn man antwortete. Jemandes Tod hatte so eine andere Bedeutung. Ich schob es auf zurückzuschreiben, abgelenkt von nervtötendem Gepolter im Zimmer gegenüber. Eine Neue zog ein! Mit der Frage auf den Lippen, ob ich helfen könne, öffnete ich meine Tür. Es war Gwynneth. Sie erklärte mir das so: Ihr Freund sei einfach nicht auszuhalten. Eifersüchtig wie ein Kamel! Ich dachte, sie hat wahrscheinlich noch nie ein Kamel gesehen, und bot ihr an, mit dem Tragen des Fernsehers zu helfen. Fehlanzeige, kein Fernseher mehr: Schon stand ein riesiger Flachbildschirm bereit, in der Originalverpackung von LG.

Nelly tanzte in *Winter Is Hard* nur in einer Szene und nur auf einem Bein. Aber sie ging wieder normal. Im Oktober, kurz vor der Zeitumstellung, wurde die Besetzung für die Japantournee bekanntgegeben, und wie erwartet war ich nicht dabei. Das würde ein einsamer November werden. Ich fragte im Sekretariat nach, ob ich in dieser Zeit in Dundee sein müsse, und die Antwort war nein. Ob ich mein volles Gehalt als Ensemblemitglied bekommen würde. Selbstverständlich. Ich nahm mir nicht einmal die Zeit, nach Hause zu radeln; die Reise nach Tel Aviv buchte ich gleich im Internetshop um die Ecke. Drei Wochen bei Mama essen und drei Wochen am Strand.

Das änderte alles. Dundee kam mir plötzlich vor wie eine Märchenstadt. Nebel kroch vom Hafen hoch, wenn ich abends zurückkehrte. Als der Herbstregen einsetzte, kaufte ich mir ein pink leuchtendes Regencape, ein strampelnder Giftzwerg.

Es war mir gelungen, ein Rad mit sieben Gängen zu bekommen, und an freien Nachmittagen machte ich lange Touren, auch in die höheren Lagen der Stadt, und bewunderte die silbergrauen Gebäude, die so aussahen, als wären sie nicht wirklich erbaut, sondern von detailverliebten Bildhauern direkt aus dem Fels geschlagen worden. Vor ungefähr fünfhundert Jahren.

An einem Probentag gab es Lichter auf der Bühne, kniehohe, von innen beleuchtete, ferngesteuerte Kegel. Sie konnten bewegt und gedimmt werden. Sie sahen aus wie Reste von geschmolzenem Eis, rund und doch nicht ganz rund, schief und doch nicht richtig schief, keines wie das andere. Wir saßen in den ersten Reihen des Auditoriums und mussten lachen über die Aliens, die auf unserer Bühne unterwegs waren. Später kamen die Kunststudenten, die sich das ausgedacht hatten, aus dem Kontrollraum herunter. Es waren Spencer, der rothaarige Australier, und der Junge mit den dreieckig geschnittenen Augen.

In der Nacht wachte ich auf. Ich hatte geträumt, dass Gwynneth mich in ihr Zimmer gezerrt und kahlrasiert hatte so ein Quatsch. Bevor ich wieder einschlief, dachte ich darüber nach, wie es wäre, mit einem Mann zusammenzuwohnen. Das hatte ich noch nie getan. In Tel Aviv eine Wohnung zu bekommen, war ohnehin fast unmöglich. Hier aber nicht. Der Traum gegen Morgen brachte mir meine Familie und deren Freunde als Nahaufnahmen in Schwarzweiß. Manche der Köpfe mussten Fotografien sein, denn sie zeigten keine Regung, andere begannen auf Knopfdruck zu sprechen, wobei ich nicht ausmachen konnte, wer sie steuerte. Ich sah meine Großmutter vor mir, die gestorben war, als ich vierzehn gewesen war. Mit einem schweren deutschen Akzent sagte sie zu mir: Versprich mir, dass du nie einen Deutschen heiratest. Später stand ich in Mrs Ashleys Küche; ein eiliges Frühstück. Penny, auf allen vieren zitternd, sah unentwegt zu mir auf. Ich fragte mich, ob die Forderung meiner Großmutter wirklich gewesen oder eine Erfindung meines Traums war. Die eine Minute war ich vom einen überzeugt, die nächste vom Gegenteil.

Wir brauchten einige Tage Probe, bis wir mit den beweglichen Leuchten zurechtkamen. Einmal sprang Nelly auf ihrem einen Bein rückwärts in einen der Kegel hinein, und ich ertappte mich dabei, wie ich für einen Moment hoffte, sie möge sich verletzt haben. In dieser Szene allerdings war ich die Hexe. Es war nur die Leuchte zerstört – sie war aus Papier geschöpft. Die Kunststudenten hatten sie am nächsten Tag schon ersetzt. Sie sahen uns bei den Proben zu, und ich sagte mir unablässig: Nein, da ist niemand, der dir mit den Blicken folgt. Speziell dir. Denn das weiß jede Tänzerin: Wenn du damit anfängst, geht es schief.

Als die Truppe abreiste, an einem Sonnabend Ende Oktober, hatte ich noch drei Tage in Dundee. Ja, und ich kannte inzwischen das Atelier der beiden Künstler, das sie mit einer Serbin teilten, die hinter einem Paravent kleine Abstraktionen in grellen Acrylfarben malte. Die jungen

Männer waren sehr stolz auf ihre Manufaktur changierender Leuchten, die sie zum Test als ferngesteuerte Spielzeuge durch das Atelier fahren ließen. Es entstanden gerade die ersten Skizzen für fliegende Kegel, die sie Lichtdrohnen nannten.

Ich besuchte sie am Nachmittag, wenn es dunkel wurde. Die Zeit war schon umgestellt worden. Beim ersten Mal waren alle drei da, am nächsten Tag nur Spencer und Anselm, und am Tag drauf, vor meinem Flug, fand ich Anselm dort mit den Lichtern allein. Wir schauten aus dem riesigen Atelierfenster nach Norden, und er fragte: »Weißt du eigentlich, dass es in Island keine Bäume gibt?« Auf der Treppe nach unten begegneten wir Spencer. An der Briefkastenbeschilderung des Hochhauses sah ich dann, dass die beiden auch zusammenwohnten. Als Anselm die Wohnungstür aufschloss, er trug den Schlüssel um den Hals wie ein Kind, merkte ich, dass ich mein Fahrrad an der Akademie vergessen hatte. »Hol's doch später«, sagte er.

Auf dem schmutzigen Fensterbrett stand eine gläserne Kugel oder die obere Hälfte eines Ovals, in die eine Miniaturlandschaft eingelassen war, eine dörfliche Szene, Leute mit Mützen und Schals, ein Kind mit einem Schlitten. Ich sah Anselm fragend an, und er nahm das Ding in die Hand, drehte es herum und dann wieder zurück. Es schneite! Und wie es schneite!

»Entschuldige die dumme Frage«, brummte er, während er seine riesige Hand um meine knöcherne Schulter legte. »Gibt es eigentlich Schnee in Israel?«

»Ja, doch«, antwortete ich. »Manchmal.«

Wir schauten in das kleine Bühnenbild, bis der Kunstschnee aufgehört hatte zu fallen.

Katalog des Abschieds

Es wollen alle zur Küste, was der Grund dafür sein mag, dass die Gäste Station machen wie Zugvögel, eine Nacht, dann geht es weiter. Sie treffen auf gute Gastgeber, Prosecco und Aperol sind kalt gestellt, die Hühnchen auf dem Grill am selben Tag geschlachtet. Geeske kappt die Flügel und die Beinchen, bevor die Gäste eintreffen; schön ist das nicht, diese geräuschvolle Verstümmelung. Der Ull sagt, er mache das nur, »wenn ich muss«. Was auch immer das heißt. Jetzt steht er mit seinem Jugendfreund Gerald vor der Mauer, über die man Richtung Westen blicken kann. Aber sie sind ja in den Bergen! Vor Sonnenuntergang ist da nicht viel mehr zu sehen als eine diffuse Schichtung von Bleigrau und Taubenblau, was der Ull »den Schaum des Universums« nennt. Geeske werkelt am Grill herum, prostet Nicoletta zu, einer Frau, die sie nicht kennt und nicht kennenlernen möchte, aber sie ist nun einmal der neueste Anhang von Gerald, und Badener Freundschaften sind, wie sie hat lernen müssen, unaufkündbar. Gerald denkt und dachte schon immer, dass sein Freund ein wundervoller Spinner sei, aber er sagt es nicht. Er sagt: »Weißt du noch, was du an dem einen Abend am Baggersee rausgelassen hast?« »Nein«, antwortet der, weil er es nach fünfundzwanzig Jahren noch einmal hören will. »Als wenn der erste Tag der Schöpfung zu Ende geht.« »Ach ja«, sagt der Ull, den Blick noch immer gerichtet auf den Schaum des Uni-

72

versums. Gerald lacht darüber wie damals, mit der gönnerhaften Häme des Abiturienten. »Immerhin«, raunt der Gastgeber, fast unhörbar, »… hast es dir also gemerkt«, den belebenden Kiekser auf der letzten Silbe, was der Herkunft geschuldet ist.

»Ich hätt's mir noch abgedrehter vorgestellt«, flötet Nicoletta mit dem Charme eines späten Teens, dabei muss sie, obwohl deutlich zu jung für Gerald, über dreißig sein. »Abgelegen?«, fragt die Gastgeberin. »Ja, irgendwie aus der Welt.« Ist es doch, denkt sie. Geeske verlässt sich bei solchen Gelegenheiten auf die holsteinische Rhetorik, das Schweigen.

Der Toyota, in der Farbe eines Bonbons, holpert über den steilen Weg abwärts und verschwindet im Staub, den er selbst aufwirbelt. In der Mittagsstunde, die folgt, sieht man das Paar gelegentlich beieinanderstehen, sich gemeinsam freuend über unterschiedliche Dinge. Der Ull ist immer noch glücklich über das Erscheinen der Gäste, Geeske ist froh, dass sie weg sind. Später werden sie Mühe haben, ihren Tag zu retten, er, weil ihm der Zuspruch der Besucher fehlt, sie, weil sie sich selbst unerträglich findet. Misanthropie ist eine verzehrende Angelegenheit. Aber es ist nicht dies, was die beiden trennt – sonst würden wir sie da oben nicht finden, in einem entlegenen Winkel Liguriens, den besten Teil des Sommers. Es ist die Empfindung für die Dinge und was sie darüber sagen.

Sie waren Schwärmer gewesen, als sie sich trafen, anders als die anderen, die in die Fachsprache schlüpften wie in ein Korsett: Sozialisation, Frustration, Subsidiaritätsprinzip. Die beiden aber fuhren den Neckar hoch und fanden die Städtchen wie gemalt; sie lagerten am Rhein und hörten den Mythos plätschern. Geeske hieß immer so, aber sie warf damals das Pastorentochterdasein ab wie eine Fron; plötzlich war sie eher eine Geneviève. Was sie sich zu sagen hatten, blieb Zwiegespräch. Es war keine Vereinbarung notwendig, dieses vor den Kommilitonen zu verbergen. Manchmal fragten sie sich nach den liebsten Dingen. Dann sagte sie: »Kopsteinpflaster bei Regen, fahle Gräser, Holzschuppen im Abendlicht«, und er, mit seinem Singsang und dem scharfen »S«, gab es so wieder: »Katzenkopfpflaster, die Gräser der Steppe, warme Hölzer«, und in der Woche drauf sagte sie: »Log cabins in Utah, der Philosophenweg, Scheinwerfer des R4«, worauf er sanft protestierte, »Der ist aber aus meinem Katalog!« »Stimmt.«

Er hätte ein praktischer Bub werden sollen wie seine Brüder, von Montag bis Freitag schaffen bei der BASF, Tabaktrocknen und Rebenpflegen am Wochenende. Aber er stand, beargwöhnt vom alemannischen Vater, unter dem Einfluss seiner »schlauen Freunde, die sich ebbes Bess'res glaube«, da gab es kein Zurück. Zielgruppe, Quote, Solidargemeinschaft. Die Prüfungen erledigten die Liebenden grinsend. Den Sexus nahmen die Geprüften ernst, der Leib als Tempel Gottes.

Er hielt fest an der Verehrung der physischen Dinge, an ihrer Benennung, an deren Wohligkeit. Im Frühjahr bemerkte er, dass ihm ein vertrautes Geräusch der Kindheit abhandengekommen war; jetzt besitzt er eine 500er-Norton, deren Motor pocht wie das Herz eines Riesen. Er hat sie vor der Steinmauer geparkt, golden leuchtend am Nachmittag. Mit einer Kupferbürste fährt er durch die Furchen des Zylinders, als Geeske aus dem vorgelagerten Nutzgarten zurückkommt, eine blühende Zucchini in der einen, rot leuchtende Tomaten in der anderen Hand. »Schön«, sagt er. Und es kommt nicht darauf an, was er meint, die Gartenfrüchte oder das Zweirad, alles auf der Liste der Dinge, der liebsten. »Ja«, sollte sie sagen, mindestens. Aber sie sagt es nicht. Ihre Augen treffen seine, und es kann sein, dass ihm entgeht, was sie vor sich sieht.

Video-Vampir

Er probierte das Übliche, bei Nacht draußen liegen und in das Sternenzelt starren und den Wecker auf sechs Uhr morgens stellen, Traumszenen nachzeichnen, weiterschlafen. Aber die Form wollte sich nicht einstellen. Die Form wäre genug gewesen, so wie damals, als er es mit Handschatten an der Wand probiert hatte, Gespenster links, Gespenster rechts. Daraus war das Elefantenvideo geworden, sein bekanntestes Werk, sein Anspruch, möglicherweise, auf einen Platz im Pantheon. Nun ja, auf einen Hocker in der letzten Reihe: ein westdeutscher Videopionier, Primitivist, Mann der ersten Stunde. Sein am häufigsten genanntes und imitiertes Werk auf jeden Fall. Er war neunundfünfzig Jahre alt und hatte sich bis vorgestern keine Sorgen gemacht. Oder keine Gedanken.

Er hatte seine ganze Kraft in der Lehre gelassen, fast drei Jahrzehnte lang vom kleinen Nachruhm gelebt. Und nun kam aus dem Nichts die Einladung zu einer Werkschau, und schnell sollte es gehen. War das typisch Indien? Also hatte er sein Frühwerk in zwei Sitzungen durchgeschaut. Ihm war aufgefallen, wie fordernd seine Filme damals waren, roh und spielerisch; und wie, im Vergleich, geleckt alles aussah, seit digital montiert wurde, kalt und schwülstig zugleich. Seine Mittelphase war in Farbe, das Raster immer sichtbar, kaum zu retten – schöner Müll aus einer vergangenen Zeit. Und jetzt? Wenn er nur *eine* Arbeit mit nach

Delhi bringen könnte, die die Wucht des Elefantenvideos hätte – oder halb so stark wäre schon genug. In acht Wochen. Etwas, das beweisen würde, dass er noch am Leben war. Als Künstler.

Die Malerkollegen von der Akademie, er kannte die Geschichten. Der Name verblasst, die Frau läuft weg, Freunde kehren sich ab. Frühpensioniert und vergessen, bärtig, planlos, rastlos. Schnapsabende mit Fremden in der Düsseldorfer Altstadt. So war es nicht gekommen. Noch nicht. Er hatte auf die Institution gesetzt, den Einfluss, den Alltag. Fünf Jahre war er Dekan gewesen. Und wie vorausschauend er gewesen war, damals die Häuser im Morvan zu kaufen. Ein Ort für Inspirationen, nicht wahr?

Es hatte ihm früher nichts ausgemacht, einen Sommermonat auf seine Frau zu warten. Er war täglich mehrmals zum Nachbarhof gegangen, zu den Pulchs, wo es alles gab, was ihm fehlte: drei Kinder, zwei Katzen, einen Esel; beißender Chèvre und rot leuchtender Burgunder bis in die Nacht mit diesem Paar, dem alles gelang. Klug waren sie, eigensinnig beide, Heribert vergeistigt bis zur Groteske und Mareike geistesgegenwärtig, ja, mehr als das, stachelig und lustig bis zum Schluss.

Kühn war es gewesen, den Erlös aus dem Elefantenvideo in vor sich hin träumende Natursteinbauten mit löchrigen Dächern zu stecken, den halben Weiler hatte er aufgekauft, fünf große Gebäude und einige kleinere. Und hatte richtiggelegen: Schon vier Jahre später waren sie mit dem Weiterverkauf zweier Häuser an die Pulchs schuldenfrei gewesen. Die goldenen Achtziger! Heribert hatte unterschrieben und bezahlt, nie ein böses Wort verloren, von wegen Spekulation. So wie er überhaupt ein Praktiker und Pragmatiker war, Tiere und ihr Habitat, darum ging es. An Geld war er nicht interessiert. Nur Mareike hatte es einmal zur Sprache gebracht:

»Du bist wirklich ein Vampir«, hatte sie gesagt, »erst die Elefanten, dann der Hof und jetzt ich«, da lag sie neben ihm, schattenlos und doch geerdet, wie bei Bonnard. Die Vertrautheit blieb, der Skandal blieb aus. Erst jetzt, ein Vierteljahr nach ihrem Tod, wurde ihm klar, dass sie seine Muse gewesen war.

Die neue Technik war nicht das Problem gewesen. Er hatte sich Video mühelos angeeignet, damals – damit war er so viel schneller als mit Acryl auf Leinwand, lebendiger auch. Die Schönheit der Hindernisse am Anfang, die schweren U-Matic-Maschinen, ihr komplizierter Schnitt. Aber was sollte man filmen? Es war alles offen. Niemand hatte das Terrain abgesteckt.

Heribert, als Zoologe, filmte noch auf Super-8 Ende der Siebziger; zehn Spulen Antilopen und Gazellen im Vorführraum des Instituts. Und dann die Elefanten! Diese Spule hatte er vom Freund geliehen, umkopiert auf Video, verlangsamt, rhythmisiert, eingetönt. Die beiden Tiere erst dem Zuschauer vertraut gemacht, das Paar von vorn, von hinten, in Bewegung, still im Profil. Die Symmetrie des Bildes, auf zwei Leinwände verteilt. Alles daran war neu, überhaupt Video *zu projizieren* und dann auch noch parallel. Es war Mareikes Idee gewesen, die Leinwände in einem flachen Winkel zueinander zu stellen. Okay, und dann, in der sechsten Minute, die Begegnung der Elefanten, wie sie sich von rechts und links in Bewegung setzen, trabend in Slow Motion, bis sie sich Kopf an Kopf treffen und dann – es gab im Publikum Seufzer, das wird er nie vergessen – jeweils auf der anderen Leinwand wieder erschienen, als würde das eine Tier aus dem anderen geboren. Und überall hatte man das sehen wollen, in Karlsruhe, Kassel, Stockholm, Paris, San Francisco, Caracas, Seoul. Das Elefantenvideo. So hieß es gar nicht, aber jeder wusste, was gemeint war.

Katrin hatte sich seine frühe Karriere aus der Ferne angesehen, pendelnd nach Den Haag, früher noch jedes Wochenende in Düsseldorf, wo sie wohnten, jedenfalls theoretisch. Inzwischen dreimal im Jahr im Morvan: Weihnachten, Pfingsten, August. Es war so vereinbart. Sie war Richterin, sie hielt sich dran. Vielleicht hatte es mit der Seltenheit ihrer Begegnungen zu tun oder weil sie nach überteuerten Hotels roch oder letztlich, weil Katrin immer fleischlicher wurde, während Mareike verwitterte bis zur Transparenz: Jedenfalls war die Abwesenheit der Ehefrau drückender geworden, und ihre nahende Rückkehr verschaffte ihm Herzklopfen. Dass die Verhaftung dieses serbischen Psychopathen sie eine weitere Woche in Den Haag halten sollte, machte ihn bitter.

Plötzlich war der *video artist* flächendeckend gefragt gewesen. Ein Riesending! Ein Prototyp! Alle machten sich Gedanken, ob und wie das bewegte Bild ins Museum kommen sollte – so ähnlich wie Kino? Ach wo, raffinierter, raumbezogen, im Metaphysischen überlegen. Und im Handumdrehen war er Kunstprofessor geworden, der erste seiner Art. »Themen meiden«, hatte er seinen sogenannten Studierenden eingeflüstert. »Fangt bloß nicht an, euch Geschichten auszudenken. Nicht in meiner Klasse! Erst die Form, alles andere rutscht nach.«

Jetzt aber schien ihm seine eigene Lehre blass. O ja, allzu gern hätte er ein Thema gefunden, und er ahnte, es lag auf dem Hof der Pulchs begraben. Selbstverständlich hatte er Heribert gestern besucht und heute auch, verhaltene

Gespräche bis zum Sonnenuntergang vor dem filigranen Horizont eines immergrünen Walds. Heribert streichelte Armando, den Esel, der Mareike überlebt hatte. Vampir muss dringend nach Hause! Trinkt seinen Burgunder lieber allein.

Kunst ohne Thema, was für eine perfekte Finte. Hatte gereicht für ein Arbeitsleben. Ein Hauch von Anti-Glamour. Theorie-Fragmente. Rohe Coolness. In Delhi werden sie es frisch finden, das ganze Frühwerk umkopiert auf DVD. Und wenn nichts Neues dazukommt, dann ist das eben so.

Neu ist, dass er weint, als Katrin wieder da ist.

Der äußerste Arm der Konstruktion

Wir hatten nichts gegen Heidelberg, wirklich, beide nicht, aber am Ende des Semesters haben wir uns schrecklich betrunken und am nächsten Tag auch eingestanden, dass wir im Fach Soziologie keine Trophäen schießen würden. Uns nervte das wolkige Geschwätz und die politische Agitation der Kommilitonen, dieser Anspruch, die ganze Welt zu erklären. Das Einzige, was wir wirklich gut fanden, Angelika und ich, war Statistik, erstens, weil sie nachvollziehbar war, und zweitens, weil wir zu den Besten gehörten. Lustig auch, dass all diese Weltverbesserer partout nicht rechnen konnten.

Angelika hat dann zuerst Mannheim ausgeschnuppert, Betriebswirtschaft, aber nicht in einem Betonbunker mit Sehschlitzen, sondern in einem Schloss. Das konnte Heidelberg nicht bieten: Seminare im Schloss. Obwohl wir uns nur wenige Monate kannten, mieteten wir eine Arbeiterwohnung gegenüber vom Handelshafen, da gab es 1975 Leerstand, weil die Familien in die Vororte zogen und die Wohnungen für Gastarbeiterfamilien zu klein waren. Ziemlich primitiv, außerdem, mit Kohleöfen und einem Waschkeller, in dem eine Waschmaschine aus den dreißiger Jahren stand, ein von oben zu beladender Rotor, auf einen elektrischen Ofen montiert. Den mussten wir erst einmal reparieren. Angelika stammte, wie nannte sie das, aus einer *Familie-mit-Garage*, da wurde alles auseinandergenommen und wieder zusammengesetzt, vom Föhn bis zum Motorrad, die drehten sogar ihre eigenen Schrauben. Angelika konnte dreidimensional denken. Ich war beeindruckt.

Wir lernten also unsere Vokabeln, Investition, Risiko, laufende Kosten und all das, und es fiel uns nicht gerade schwer. Jetzt fanden wir unsere Kommilitonen nicht mehr nervtötend, sondern beschränkt. Die dachten sich das so: erst einmal ein kleiner Posten als Rechnungsprüfer, irgendwann den großen Fehler finden, und dann kommt die Beförderung. Buben mit speckigen Brillen, die letzten Pickel der Pubertät überholt vom Haarausfall, wacklige Stimmen ohne Timbre, und am Wochenende nach Hause zu Mutti nach Landau oder Heilbronn. Interessant, in einem Seminar über die Grenzen des Wachstums saßen fünf Leute, Angelika und ich mitgezählt. Evolutionäre Zelle Teufelsbrück, so nannte Angelika uns beide – ihre Sorte von Humor.

Kurz nach der Zwischenprüfung entdeckten wir ein freies Ladengeschäft, an einer Straßenecke zwischen Hafen und Innenstadt. Es war ein kleiner Lebensmittelladen gewesen, die Besitzerin in Rente gegangen, kein Nachfolger, kein Nachmieter, kein Makler dazwischen, das konnte man ohne Startkosten haben, die Miete war gering, die Nachbarschaft rege. Wir überlegten, was man verkaufen konnte, ohne das Studium aufzugeben. Für alles, was wirklich Geld brachte, brauchte man Diplome oder Meistertitel, Portraitfotograf, Elektrofachhandel, Augenoptik. Aber willst du vielleicht Schreibwaren verkaufen, Guten Tag, ich hätte gern einen Kugelschreiber, aber er soll nicht so teuer sein, oder Schallplatten, Ich suche die neue Single von Peter Maffay; wir waren, in jenen Tagen, ein Waren Umsatz-Symposion. Was der eine hitverdächtig fand, war die andere verpflichtet als Rohrkrepierer zu verunglimpfen. Wie willst du überhaupt Leute dazu bekommen, in einen Laden zu gehen, von Brot und Schuhen einmal abgesehen. Die einen haben schon alles, die anderen können sich nichts leisten. In Kaufhäusern kann man spazieren gehen, ist zu nichts verpflichtet, kauft am Ende trotzdem etwas – aber in ein Geschäft zu gehen, wo einer steht und unbedingt etwas verkaufen will, das ist *no fun*. Das war meine Sicht der Dinge. Angelika, aber das war am Abend bevor wir hätten unterschreiben müssen – denn es gab jetzt in der Tat einen Türken, der dort Gemüse verkaufen wollte –, entwickelte eine ganze Theorie daraus: Wie man Läden entwirft, benennt, ausstattet, eröffnet und betreibt, und sie hatte sich auch richtig etwas angelesen über Neugründungen, die zur Hälfte in den ersten drei Jahren scheiterten, wenn keine Kette dahinterstand. Wie sollte man diesem Schicksal entgehen? Wenn man nicht sein Leben dafür hergeben wollte wie Käthe Hengele mit ihrem Lebensmittellädchen, das nun leer stand. Weil es nämlich unmöglich ist, Leute von der Straße in einen Laden zu holen. Wenn sie nun mal nicht wollen. Was eigentlich viel besser wäre, sagte sie, die Produkte zu den Leuten zu bringen. Ist das dein Ernst, fragte ich, du meinst, als Vertreter? Das ist auch nicht leicht, sagte sie, aber es hat einen Vorteil, du musst nicht warten. Du fährst von Kunde zu Kunde, jeder, mit dem du zu tun hast, ist vom Fach. Die brauchen das Zeug. Die Ware zum Kunden gefällt mir besser als den Kunden zur Ware. Wir haben dann dem Türken den Vortritt gelassen und weiterstudiert. Erst einmal.

Später konnten wir uns nie mehr einigen, wer die Tafel bei John Deere entdeckt hatte, »Wir stellen ein:«, und darunter: »Dreher, Elektrotechniker, Teilzeit« und »Montage, temporär«. Temporär, im Juli! Wir also sofort dahin und waren dennoch die Letzten, die genommen wurden. Es gab zehn oder zwölf Studenten, die helfen mussten, an Traktoren Verkleidungen und Schutzbleche anzubringen. Wer geschickt war, Angelika zum Beispiel, durfte auch Lichter und Blinker montieren. Ich fand Räder am besten. Ein riesiges Fahrzeug, das ohne Räder kommt, auf dem Band, und mit Rädern wegfährt, das gab einem gottähnliche Gefühle. Mir jedenfalls.

Der John-Deere-Sommer war kurz und schön. Kurz, weil wir unsere Zeit in der Fabrik verbrachten, und schön, weil wir so viel Geld hatten und jedes Wochenende rausfuhren. Fahrten ins Grüne, das hatte es vorher nicht gegeben. Wir hatten vielleicht einmal die Woche die Bahn nach Heidelberg genommen oder jeder für sich die Familie besucht, Angelika in Offenbach und ich in Durlach. Im Sommer 1977 aber kauften wir, ohne zu überlegen, einen kleinen rostigen Peugeot. Wir besuchten die Weindörfer in der Pfalz, schlängelten uns durch die Täler des Schwarzwalds und schwammen hinter Miltenberg im Main. Merkwürdig, erst als ich Angelika aus dem Main steigen sah, begriff ich, was für eine schöne Frau sie war. Nicht, dass mir der Glanz ihrer Augen entgangen war, die betörende Bräune ihres Gesichts. Aber jetzt erst sah ich die ungeheure Kraft ihres Körpers, von der Drehung des Halses bis in die Dynamik ihrer Füße. Darüber hatte sie zuvor kein Wort verloren: Viele Jahre war sie Handballerin gewesen, hatte mit achtzehn Profi werden sollen – und dann alles hingeworfen. Und richtig schwimmen gelernt hatte sie auch. Sie kraulte gegen die Strömung und ließ sich dann zurücktreiben, mit Armen, die langsam rückwärts ausgriffen mit der Gemächlichkeit von Mühlrädern, ihre Brüste aufblitzend in der unruhigen Oberfläche des Flusses. Das Schönste war, dass sie keine Angst hatte, nicht vor den glitschigen Felsen am Ufer, vor 150 Stundenkilometern auf der Autobahn, vor der Zukunft. Soweit ich sehen konnte, vor gar nichts.

Grigoleit war ein Personalchef der Spitzenklasse, der wenig im Büro saß und stattdessen im Betrieb unterwegs war, er kannte Hunderte von Leuten mit Namen. Natürlich stellte er ein, und wenn es gar nicht anders ging, warf er auch mal einen raus. Sein Geschick lag darin, Talente zu erkennen und ihnen den Aufstieg zu ermöglichen. Er war Fachmann in beruflicher Vertikalität, das, behauptete Angelika, sei das Fachwort dafür in der Betriebswirtschaft. Wir hatten nicht alle Bücher behalten, als wir aufhörten zu studieren, was aber auch nichts genützt hätte, denn Maschinen und Kunden zu verstehen – die innere Waage vor sich zu sehen: Bedarf und Umsatz, Mechanik und Seele –, das kann man sowieso nicht lernen. Und beschreiben auch nicht.

Er jedenfalls, Grigoleit, verwickelte die Studenten auf Sommerjobs sämtlich in Gespräche, und selbstverständlich merkte er, dass wir auf dem Sprung waren, dass wir etwas machen wollten. Angelika hatte einen gewissen Vorteil, weil in ihrer Familie ohnehin alle dachten, die Universität sei eine Verschwendung von Zeit und Geld. Bei mir war es schwieriger, denn mein Vater war von fünf Geschwistern der Einzige, der hatte studieren können. Herumfahren und Leuten Sachen andrehen, das kann doch nicht dein Lebensziel sein, hatte er gesagt; ich habe ihm nicht geantwortet, obwohl ich vielleicht hätte sollen: Und was machst du den ganzen Tag in deiner Apotheke?

Die ersten drei Monate waren etwas bedrückend, weil mich Grigoleit einem Vertreter mitgegeben hatte, dessen

Bauch kaum noch hinter das Lenkrad seines Opels passte, der mit seinen Kunden soff, der so fühllos geworden war, dass er nicht einmal mehr wusste, ob er es herbeisehnte, bald »auszuscheiden« – damit war gemeint: in Frührente zu gehen –, oder ob damit der Sinn des Lebens überhaupt dahin war. Da er mit Worten geizte, leise röchelnd auf die Landstraße starrte, konnte ich mir keinen Reim drauf machen. Nur eines war klar: Wenn man ihn in diesem Beruf beerben wollte, musste man etwas anders machen – oder eigentlich alles.

Vielleicht war das als ultimative Prüfung gemeint: Dass man, wenn man mit so einem »mitläuft«, wie das hieß (bei vollem Anfangsgehalt, immerhin), eben nur dann übernimmt, wenn man sich eine ganz andere Vorstellung vom Verkaufen zutraut. Angelika hätte gesagt: eine Vision.

Es fing schon damit an, dass sie während der Vertreterschulungen ziemlich auf Durchzug schaltete und stattdessen darauf bestand, Traktoren wirklich zu fahren. Sie wollte das alles können, vorwärts, rückwärts und im Kreis, aber auch die Funktionen draufhaben, die vorn anschlossen und hinten, die ganze vertrackte Hydraulik, der gesamte Gerätepark. Traktoren wurden alle paar Jahre stärker, das war kein Argument. Sie wurden stärker, um die Hydraulik zu beherrschen, das war der Punkt. Vergiss das mit dem Nachfolger des Pferds, sagte sie, das sind Roboter auf Rädern. Sie hatte sich eine Konstruktionszeichnung des 4440 beschafft, die sie in ihrem Zimmer an die Wand nagelte, wobei sie die winzig geschriebenen englischen Bildlegenden nach und nach durch deutsche ergänzte, mit einem harten Bleistift. Als sie ihren Vertreterbezirk übernahm, sanken erst einmal die Verkäufe neuer Traktoren, während die Bestellungen von Landmaschinen und Ersatzteilen sprunghaft anstiegen: Sie beriet ihre Bauern, sie bequatschte sie nicht.

Es dauerte nicht lange, bis wir begriffen, dass wir tüchtiger waren als unsere Vorgänger. Wir klapperten unsere Adressen in dreieinhalb Tagen ab. Wir legten arbeitsfreie Nachmittage ein, die wir zusammen verbrachten, im Kurpfälzischen, im Spessart. Dann drehten wir noch eine Runde, jeder achtzig oder hundert Kilometer, bevor wir uns an der Teufelsbrücke wiedersahen.

Wir hatten uns vorgenommen, ein neuer Typ Vertreter zu werden. Angelika hatte sich bei U.S. Cars in Ludwigshafen einen weinroten Pontiac gekauft, ich war mit einem zitronengelben Audi 50 unterwegs. Der Vertreter alten Typs sah sich eingequetscht zwischen den fest bestallten Ehrgeizlingen des Konzerns und den mürrischen Kunden. Wir aber würden die Boten des neuen Marktführers sein, und wir begriffen sehr wohl, dass die kleinen Höfe keine Zukunft hatten und von den größeren geschluckt werden würden. Was hieß, dass die Bauernhöfe wuchsen.

Wir begannen, Geld zurückzulegen, dann zu horten, für eine spätere Zeit als Familie, wenn wir die Zeit auf der Straße wie Schichtdienst teilen würden.

Es ist dann anders gekommen. Angelika verliebte sich in den ersten Ökobauern westlich von Germersheim, und ich fand mich fünf Jahre später als Familienvater in Käfertal wieder. Wir teilten damals alles auf, das Geld, die Möbel und die restlichen Bücher. Die Konstruktionszeichnung des Traktors hatte sie inzwischen rahmen lassen, die nahm sie mit, ein Riesending. Als sie ihre Tochter bekam, bestellte ich ihren Bezirk und meinen, eine Sechzigstundenwoche, bis ich die Zwillinge im Odenwald traf. Einer war Landwirt, der andere Forstwirt. Einer in Blau, der andere in Grün, kein Witz. Ein Zufall, dass ich zu den Kleinmotoren gewechselt hatte, als Angelika zurückkam.

Was für ein Verrat, John Deere zu verlassen für einen schwäbischen Sägenhersteller! Die denken den ganzen Tag darüber nach, wie man pro Kette fünf Pfennig Produktionskosten spart, stimmt's? Lass dir nicht den Schneid absägen, mein Lieber! Angelika hatte ihren Spaß.

Und ihr, badische Schlauberger, hielt ich dagegen, dreht Landwirten Zweihundert-PS-Monster an, mit denen sie halb Minnesota umpflügen könnten. Zwanzig Jahre Schulden bei der Raiffeisenbank, nicht wahr? Und natürlich vollgerüstet für den Betrieb am Hang, auch wenn einer in der Rheinebene wirtschaftet.

Tatsächlich bewunderte ich sie für ihren täglichen Umgang mit den Bauern, diese abgesteckte Welt zwischen Mondstand und Sonnenstand, die Fixierung auf die Tiere, das Leben mit der Jauche. Meine Waldleute waren eher kleine Abenteurer, ehrgeizig, kauzig, wütend, wenn etwas nicht funktionierte, rachsüchtig, wenn sich jemand verletzte. Und meine schwäbischen Bosse hatten längst erkannt, dass Vertreter nicht nur Maschinen verkauften, und zwar täglich dutzendweise, sondern auch die Erfahrungen damit zurücktrugen ins Werk. Klar, sagte Angelika, der Vertrieb ist der äußerste Arm der Konstruktion.

Es dauerte einige Jahre, bis sie wieder voll im Geschäft war, voller im Gesicht, rund wie eine Haselnuss, mit daunengepolsterter Jacke im 190er-Daimler. Den Pontiac hatte sie abgeschafft. Ich hatte den ersten der ganz schnellen VW-Busse, einen dunkelblauen Caravelle, und immer ein Sortiment Sägen dabei. Wir trafen uns anfangs einmal im Vierteljahr, dann monatlich, später wöchentlich. Es war nicht ganz leicht, sich zu verabreden, bevor es Handys gab.

Als sie aufkamen, lieferte jemand den Schwabenwitz gleich mit: Warum heißt das Handy Handy? Weil ein Schwabe jemanden sieht, der damit telefoniert. Fragt der Schwab: Ja, hän die koi Schnur?

Jetzt wüsste ich gern, warum uns der gemeinsame Anfang damals entglitten ist. Warum wir nicht zusammenbleiben konnten, sobald wir beide auf der Straße waren. Ob man dafür bestimmt sein kann, sein Schicksal mit sich herumzutragen, ohne zu ahnen, wann es sich wie eine künstliche Blume öffnen wird?

Koi Schnur, von wegen, das Handy war die eigentliche Schnur. Plötzlich war es möglich, sich an einer Weggabelung abzupassen. An einem Mittwochabend die badische Weinstraße runter, um zwei Stunden miteinander zu verbringen im Waldschwimmbad hinter Maulbronn. Die Flüsse waren wieder halbwegs klar, der Neckar, der Rhein, der Main. Ich erwähnte Angelika zu Hause nie. Meine Kinder hatten noch nicht einmal ihren Namen gehört. Es war, als blickte ich in ein Wasser und fände dort die erste Hälfte des Lebens gespiegelt, die andere, die Kopfseite der Medaille; eine ungeahnte, zärtliche Wendung von Freundschaft, die umso klarer schien und feiner leuchtete, als alles Drumherum unverrückbar feststand, so wie ein Rahmen, der leer ist, bevor darin das Wunschbild erscheint.

Ich Sägen, sie Traktoren. Ich Wald, sie Flur. Bei mir zu Hause die Hollywoodschaukel und bei ihr der Hühnerstall. Wir sprachen nicht über unsere Ehen und dachten auch nicht daran, so wie Kinder in den großen Ferien nicht an die Schule denken.

Ich kenne überhaupt keinen Vertreter, der nach mehr als zehn Jahren auf der Straße kein Nebenleben begonnen hat. Sie haben ihre Mätressen am Dorfrand, ihre Spielerkumpel im Hinterraum einer Wirtschaft, Minibars in Viersternehotels, Stangen Zigaretten im Kofferraum, ihre Besuche bei »Erdbeermund«: Das muss man sich mal vorstellen, eine ganze Fabrikhalle voller geiler Bilder gleich neben der Autobahn, und das rechnet sich. Welches Laster haben eigentlich die Vertreter für Pornos – besuchen die heimlich Klöster?

Vom Herbst bis ins Frühjahr sahen wir uns mal zum Squash oder zum Wettschwimmen in Bädern mit Fünfzigmeterbahnen. Aber wir setzten uns nicht zum Essen zusammen, wir tranken nicht, wir kamen jeder nüchtern und hungrig nach Hause, wie es sich für ordentliche Handelsreisende gehört. Das ging einige Sommer, wir wurden beide vierzig, und es geschah unversehens, dass wir vom Schwimmsport in den Sex drifteten. Falls es da einen natürlichen Übergang gibt, hatte ich ihn zuvor nicht bemerkt. Wir spielten das nicht als Liebe, und wir machten keine Pläne, und wir wollten auch nicht ausbrechen aus dem Leben, das wir führten. Auf keinen Fall.

Einmal, in einem Wildhaferfeld oberhalb des Mains, bemerkten wir zu spät den Hochsitz. Wir sahen, matt unter einem blassblauen Himmel liegend, einen Jäger die Leiter herunterkommen. Es war ein Zufall, gewiss, und wir gackerten nur leise und sprachen nicht darüber. Dennoch war es das Ende unserer späten Affäre. Wir fühlten uns plötzlich nicht mehr ungesehen. Wir brachen sie also ab, und dann nur noch Schwimmen und Squash, aber das bis zur Erschöpfung.

Angelika wurde fünfzig, und ich wurde fünfzig, drei Monate später. Wir feierten beide große Feste, aber natürlich ohne uns gegenseitig einzuladen. Sie wartete bei mir die Woche danach ab, dann rief sie an und sagte, mit der Akkuratesse des Herzens, die ihr eigen war: »Ich habe Krebs. Es ist ernst, mein Lieber.« – »Welcher Art?«, fragte ich. »Etwas im Bereich der vorderen Zapfwelle. Das Alter des Schleppers mitgerechnet wahrscheinlich ein Totalschaden.« – Am nächsten Tag war ihr Handy abgemeldet. Ende September. Koi Schnur.

Der nächste Sommer war ein Mischmasch von Wetter und Wirtschaft. Die Schwaben waren längst weltweit, und da waren auch ihre Gedanken, in Osteuropa, Brasilien, Nordamerika. Es hieß, Leute wie ich sollten nicht auf ihren eigenen Trampelpfaden weiterlaufen – man würde mir schon »etwas anbieten«. Gern hätten sie mich auf einen anderen Kontinent geschoben, da wäre meine Expertise das Dreifache wert gewesen. Ich ließ mich abfinden, stieg per Abendstudium wieder in die Betriebswirtschaft ein, unterstützt von meiner Frau, belächelt von den eigenen halbwüchsigen Kindern. Zu einer Verbeamtung als Berufsschullehrer hat es nicht mehr gereicht, aber zu einer Zweidrittelstelle schon. Es ist doch merkwürdig, dass man immer das unterrichtet, was man selbst nicht mehr kann.

Gelegentlich bin ich dann auch unterwegs gewesen, eine Samstagstour von dreihundert Kilometern keine Seltenheit, durch den Kraichgau bis in den Spessart und über die Pfalz wieder zurück. Hinter Miltenberg im Main geschwommen. Manchmal auch, von Käfertal aus, am Abend allein nach Heidelberg. Papa sucht seine Wurzeln, so erklärte sich das mein Sohn, kurz vor dem Abitur.

Der Weisheit also näher

Doch, es gab Zeiten, wo alles gut gewesen war. Der Vater hatte einen runden Tisch anfertigen lassen, an dem sie zu viert saßen, aber ohne feste Plätze, das gehörte zu seiner Idee. Er wollte kein Familienoberhaupt sein, sondern Schöpfer einer neuen Gesellschaft, jedenfalls im Alltag, bei-sich-selbst-anfangen, hinweg mit Kleinkariertheit und Düsternis, großes Fensterglas zum kleinen Garten raus: Terrasse, Rasen, eine Hecke aus Immergrün, mehr Platz gab es nicht auf dem Grundstück, ziemlich weit südlich von Hamburg, sogar südlich von Harburg – was man sich eben leisten konnte. Das Haus ist seit einem halben Jahr unbewohnt, eine Kiste aus den Fünfzigern, wie einer der angeblichen potentiellen Käufer es beschrieben hat, so gut wie gar nicht isoliert, Elektrik veraltet, verkehrsmäßig nicht gut angebunden. So viel hat Joachim seinen Bruder wissen lassen, eine karge Mail vor einigen Wochen, und Hermann hat sich gefragt, was ihn das angeht.

Joachim schreibt selten, Antwortmails ohne Anrede, ein halber Satz, »im Moment wenig Zeit, melde mich demnächst«, und Hermann denkt, verschenktes Talent, er weiß nicht, dass *Im Moment wenig Zeit* der Titel eines satirischen Romans sein könnte, auto-satirisch, gewissermaßen, der komplette, eifrige, unfehlbare Joachim aufgehoben in einer Figur, mit den Beinen zappelnd wie eine Holzmarionette, klick-klick, wenn die Beine zusammenstoßen, immer in Bewegung und null Fortschritt. Überall in der Welt gewesen und nichts gesehen. Denkt Hermann, der sich schon lange nicht mehr ärgert, wäre auch ungerecht, hat selbst zu viele Dinger gedreht und auch, solange Punk und Post-Punk gut liefen, den einen oder anderen gelinkt, das ist kein Geheimnis, er hat ein Buch darüber geschrieben. Ein Buch, das ein Jahr lang Kult war bei denen, die dabei gewesen waren und sich darin wiedererkannten, und bei denen, die zu jung gewesen waren, vom Esso 36 höchstens einmal gehört hatten. Kult-Ort, Kult-Buch, die Gleichung war aufgegangen. Immerhin ein *es*-Bändchen bei Suhrkamp; aber der Bruder hatte es wahrscheinlich nicht einmal mitbekommen, oder wenn, dann nicht gelesen. Egal, er hatte es sowieso nicht für Joachim geschrieben.

Hermann hat sich in der Lützowstraße einquartiert, vor einigen Jahren, östlich der Potsdamer Straße, am toten Ende. Weiter vorn ist eine Galerieszene entstanden, nicht groß, doch boomend. Er aber wohnt unterm Dach im Hinterhof, ein Unterschlupf. Alles kleine Münze jetzt, das war nicht immer so. Merkwürdig, diese chinesischen Künstler im Vorderhaus, die nicht nur die Beletagewohnung gekauft haben, sondern einen Teil des bereits ausgebauten Dachs gleich mit. Wo die das Geld nur herhaben, er schreibt surreale Lyrik auf Chinesisch und sie malt, aber man sieht das nirgendwo ausgestellt. Hermann ist dort regelmäßig zum Essen eingeladen, sie kocht überirdisch gut, und das Arrangement gehört zum Mietvertrag – der gar nicht existiert. Seltsam, man wohnt unter ihrem Dach für fast nichts, muss sich aber dafür einladen lassen. Sie sprechen kaum Deutsch und Englisch mit gewissen Besonderheiten. Wahrscheinlich suchen sie Anschluss oder wollen bewundert werden, aber da kann man mitspielen, einmal im Monat.

Die Wohnung ist vollkommen durchdekoriert, in Grün und Rot mit goldenen Schmuckbändern, alle Doppeltüren immer offen.

Es ist November, der Himmel grau, fast immateriell, plötzliche kalte Böen, sekundenweise. Die Amerikaner haben offenbar gerade einen Schwachkopf zum Präsidenten gewählt. Gegen zehn Uhr am Abend ist Hermann unterwegs zur Joseph-Roth-Diele, einem Lokal um die Ecke. Im Hausflur trifft er Liu, den Dichter, der ihn fragt, ob er »on Christmas« etwas vorhabe, und Hermann schüttelt automatisch den Kopf, weil er noch nie zu Weihnachten etwas vorhatte, das ist quasi Programm, und als er auf der Straße ist, bei Nieselregen, denkt er, wieso eigentlich nicht chinesisch.

Na gut, *noch nie* ist auch übertrieben, korrigiert er sich, unterwegs zur Diele, früher war dem kein Entkommen, bis er zum ersten Mal abgehauen ist, mit achtzehn, und solange der Vater lebte, war es sogar richtig schön gewesen. Der spielte auf der Hammondorgel ein bisschen Buxtehude, ein bisschen Duke Ellington. Das Intro zu *Es kommt ein Schiff gefahren* kam aus dem Bassregister wie ein Schiffshorn. Davon konnte Hermann nicht genug bekommen, der allerdings damals Olaf gerufen wurde. Der Vater sprach das mit einem matten »O« und einem schlappen »a«. Hermann spricht seinen Kindernamen laut aus der Erinnerung nach, thüringisch, auf dem breiten Gehweg der Lützowstraße bei Regen.

Das erste Weihnachten, an das er sich überhaupt erinnern kann, fällt zusammen mit dem neuen Haus, wann eigentlich, 1957, 58, 59? Jedenfalls kann er sich nicht erinnern, wie das Haus leer aussah oder wie sie einzogen, sondern es ist in seiner Erinnerung gleich Weihnachten, dunkelrote Kerzen an einer dunkelgrünen Tanne, das große Wohnzimmer mit dem Boden aus exotischem Holz, mit einer Maserung, die Quadrat für Quadrat gegenläufig gedreht ist, abwechselnd heller und dunkler, in Anspielung auf das Schachbrett. Eines der Quadrate hatte er damals als Rangierplatz ausgesucht für eine auberginefarbene Limousine von Corgi Toys, Ford oder Opel, das ist ihm nun doch weggerutscht, obwohl der Unterschied für ihn als Jungen ganz wichtig gewesen war. Die ganze Szene mit Baum und Familie erschien verdoppelt im großen Terrassenfenster. Das zu später Stunde aufgeschoben wurde: Er spürt noch heute, wie die Nacht ins erleuchtete Zimmer fällt, ein kristalliner Hauch. Der erste ganz große Moment überhaupt, an den er sich erinnern kann.

Einmal, als die Brüder noch miteinander telefonierten, hat er diesen Abend angesprochen, und Joachim hat gesagt: »Ach, Unsinn, wir sind da im Februar eingezogen und nicht irgendwann vor Weihnachten. Und Papa hat nur weiße Christbaumkerzen zugelassen, rote, gelbe, das war für ihn Kitsch, da kannst du ganz sicher sein.«

Egal, es muss ja nicht für Joachim *so* oder so *gut* gewesen sein. Wenn er, jetzt schon eingebogen in die Potsdamer Straße, damals »… ein Sohn ist uns gesandt« hörte, dann dachte er an sich selbst, mit warmen Gefühlen im Magen, nicht nur wegen der Nürnberger Lebkuchen, er war auf die Erde gekommen wie das Jesuskind und sein Papa an der Orgel ein, wie nennt man das, ein Gottvater oder jedenfalls die höchste Instanz, seine Gegenwart bei weitem wichtiger als die Frage, ob er die Söhne besonders ernst oder auf den Schoß genommen hat und all das. Er hatte das Haus gebaut! Bendestorf, nicht Bethlehem, aber trotzdem. Das Weihnachtsgeschenk, er zehn Jahre alt und noch in der Grundschule, war ein taubenblaues Herculesfahrrad mit Dreigangschaltung gewesen, überhaupt nicht zu übertreffen, nichts, was er mehr hätte begehren können.

Das glaubte er allerdings nur drei Tage lang, denn am 27. Dezember 1963 kam der Vater früher als gewohnt aus seinem Büro zur Mittagspause – offenbar gab es für ihn keine Weihnachtsferien –, fühlte sich nicht gut, legte sich ins Schlafzimmer, und als die Mutter ihm den grünen Tee brachte, war er schon tot. Hermann fand sie schreiend am Bett, seine linke Gesichtshälfte fast schwarz, Mund und Augen offen. Joachim kam eine Stunde später nach Haus und hielt sich an die Anordnung der Mutter, die Schlafzimmertür nicht zu öffnen. »Das war es«, denkt Hermann plötzlich, »das war es, was uns auseinandergebracht hat. Dass Joachim den Vater nicht als Toten hat sehen dürfen. Nee, kann nicht sein. Ist Quatsch.«

Der Nieselregen lässt nach, es gibt nur noch Fäden von Feuchtigkeit im aufkommenden Dunst, oder nennt man das schon Nebel? Die roten Rücklichter der fahrenden Autos wie Augen von Fabelwesen. Hermann lugt in die Diele, ein schmales Lokal, auf Retro gemacht, die Signatur des Schriftstellers über die ganze Decke in die Tiefe des Raums gezogen, viele kleine Fotos in kleinen Rahmen; hier und da aufrechte Borde, die wie Schraubzwingen aussehen, alles neuaufgelegte Bücher von Roth und verkäuflich. Hermann sieht nur zwei Figuren hinten am großen Tisch sitzen. Er dreht um und spaziert die Potsdamer Straße hoch, die Arme jetzt hinter dem Rücken verschränkt, »wie ein alter Herr«, denkt er, »aber bin ich ja auch« – wie aus einer Zeichnung von Zille, fehlt nur der Hut. »Nein, gar nicht Quatsch.« Es war die Mutter, die das begonnen hat, dieses Joachim-macht-es-richtig und Olaf-macht-es-falsch, und als er den

Konfirmandenunterricht abbrach, ist sie ausgeflippt. Da sind die Fetzen geflogen.

Eigentlich würde Hermann nicht daran denken, warum auch, er hatte seine große Zeit gehabt, und die Mutter war, wie nennt man das, »verschieden«, im Juni, zum Glück im Altersheim und nicht im Bendestorfer Haus, aber auch das war eigentlich egal. Denn Joachim war zum Alleinerben eingesetzt worden und dabei, es zu verkaufen, schon seit dem Sommer. Vielleicht ist es bereits geschehen, er hat es nur nicht mitgeteilt, das würde passen. Dabei wäre Hermann derjenige gewesen, der eine Erbschaft hätte brauchen können. Über die große Uferstraße und über den Landwehrkanal hinweg und auf der anderen Seite des Kanals noch einmal drei Fahrspuren in die andere Richtung, plus Abbiegespur, diese ohne Ampel, jetzt aber Vorsicht; in der Ferne erscheinen die höchsten Lichter am Potsdamer Platz. Warten an der Kreuzung, die Neue Nationalgalerie gegenüber ist dunkel und wird nicht bespielt, seit mehr als einem Jahr, und schon ist er wieder beim Haus des Vaters, denn Mies van der Rohe war sein Vorbild … – oder war es nicht doch Marcel Breuer gewesen? Wen fragen?

Die Änderung der Regeln nach dem Tod des Vaters. Nie mit dreckigen Fingernägeln ins Gymnasium. Wenn das Licht am Fahrrad nicht ging, musste man zu Fuß gehen. Das Haus war jetzt irgendein Haus geworden, bitte keine Fettfinger an der großen Glastür zum Garten. Danksagung an den Herrn Jesus vor dem Abendessen. Joachim hatte sich angewöhnt, weiße Hemden zu tragen, er spielte einfach mit. Vor allem auf dem Harmonium Choräle. Der Tannenbaum musste Christbaum genannt werden. Es war eine Krippe dazugekommen, Maria, Josef, das Jesuskind, Ochs und Esel, und besonders abscheulich die Ausführung, die Krippe sei in Thüringen handgeschnitzt worden, denn niemals hätte der Vater diesen christlichen Nippes gut gefunden.

Es war ja nicht so, dass das angesagt worden wäre, »Jetzt kommt Kapitel Zwei, Mutter spielt mit euch protestantisches Preußentum« oder so. Vielmehr war es, als wenn nach und nach einem Foto Farbe entzogen worden wäre, vielleicht das Blau, und was übrig blieb, war die Wirklichkeit. Nicht dass sie überfordert war, die Mutter, im Gegenteil, sie war schon längst wieder im Berufsleben, mit halber Stelle, aus der später eine ganze wurde, irgendwann stellvertretende Abteilungsleiterin, dann Abteilungsleiterin, am liebsten hätte sie den weißen Pharmakittel auch zu Hause anbehalten. Sie tat alles mit hoch erhobenem Haupt – hat sie das über sich selbst gesagt? –, was bedeuten sollte, dass die Söhne dafür dankbar sein sollten, nicht unbedingt ihr persönlich, das nicht, aber die »stille Einkehr« würde ihnen den Weg weisen. Sie würden dann schon wissen, wem zu danken sei. Joachim hatte das in brillanter Weise befolgt, aber nichts war davon hängengeblieben, das hat man später gesehen, ein Banker von der Stange war er geworden, der nie, oder das glaubte jedenfalls Hermann, nach innen schaute. Kein Wunder, denn da war auch nicht viel. Sorry, Leute, der Seelentresor ist absolut leer!

Er nähert sich dem goldgelben Gebäude, das wie eine verkleinerte Replik vor der Philharmonie steht. Hermann hat schon die Schlüssel in der Hand, eine Chipkarte vielmehr. Er geht hinten rum, öffnet die Tür am Pförtnereingang, der nicht besetzt ist, und macht in seinem Büro Licht, ein fensterloser Einschluss, die Entwürfe der Broschüren für den Dezember auf dem Tisch. Er sieht sich die Konzerte für die Weihnachtsfeiertage an und überlegt, ob er die

Chinesen einladen soll. Er macht das Deckenlicht wieder aus und bleibt im Halbdunkel sitzen, bei halboffener Tür.

Während sie in Kreuzberg doch wenigstens ehrlich waren, absolut dagegen, gegen alles eigentlich, gegen Abriss und Luxussanierung, gegen die Westberliner Spießer und ihre proamerikanischen Paraden, gegen die Atom- und die Autoindustrie. Sogar gegen sich selbst, denn mal ehrlich, durch die Nasenscheidewand zu stechen, um einen Ring da durchzuziehen, war letztlich doch kein Vergnügen, und in ungeheizten Häusern zu leben auch nicht. Alles übertrieben, natürlich, die Lautstärke und das Bier und das Steinewerfen bei der Räumung; Hermann war einmal sogar, schon verhaftet, aus der Wanne wieder rausgesprungen, genau im richtigen Moment, und so der Vorstrafe entgangen. Und das hätte Joachim auch mal zur Kenntnis nehmen können, sie hatten mit fast nichts das Esso 36 aufgemacht, und nach einem Jahr war es profitabel. Das Publikum eine Horde von *white punks on dope*, Leute, die sich gegenseitig mit halbvollen Bierdosen bewarfen am späteren Abend. Wie nennt man das, Sozialarbeit auf Messers Schneide? Klar musste man sich dann auch vorwerfen lassen, ein Ausbeuter zu sein, und doch waren sie, die Unternehmer, voll dabei, Pogo tanzend zu den Stooges, mitgröhlend bei den Toten Hosen. Null entfremdet, die extremste Form von Sinnsuche. Alle drei Monate um ein Jahr gealtert, der Weisheit also näher.

Veranstalter wurden sie genannt, nicht Unternehmer. Es war Joachim, der ihm das sagte: »Du bist Unternehmer. Weißt du das nicht?« – das war ein oder zwei Jahre vor Öffnung der Mauer gewesen. Der Bruder lebte in Singapur und hatte ihm mitten im Sommer ein Flugticket geschickt. Dieser geölte, drogenfreie, aalglatte Stadtstaat hätte eigentlich Joachims Ideal sein müssen, aber er war dort nicht glücklich gewesen. Gerade hatte er sich von seiner ersten Frau getrennt. Er war beschädigt und litt unter Vorwürfen, die die Mutter ihm machte – am Telefon. Nun war Hermann ein möglicher Verbündeter, Spezialist für Lebensruinen und natürlich ganz gegen die Mutter, gegen das Moralisieren überhaupt, jemand mit der entschlossenen Stirnpartie des Vaters und den dazugehörigen, tief liegenden, zur Abwesenheit neigenden Augen. Hermanns Besuch tat Joachim gut, und plötzlich war dieser Gestus der Verachtung weg gewesen, von dem Joachim selbst vielleicht gar nichts wusste. Bis er ein halbes Jahr später Danièle traf, seine zweite Frau, da kam die alte Reserve zurück, der barsche Ton, die Überheblichkeit. Dort aber, doch, er kann das datieren, im Sommer 1987 in Singapur, hatte Joachim sich geöffnet und auch Zweifel gehabt, und weil Hermann ihm gut zuhörte und ihn entlastete, gab der Bruder ihm im Tausch Lektionen in Betriebswirtschaft. Die sich als unbedingt notwendig erwiesen, als das Esso 36 stagnierte, wochenlang leer stand und Raw Music, das Schallplattenlabel, einen Vertriebspartner brauchte, einen großen sogar, um überleben zu können. Da hätte er fast alles verloren, was er besaß, und im Winter, als es kritisch wurde, hatte er Joachim einige Male angerufen, und keine Frage, der verstand etwas davon, immer exakt Ja oder Nein oder so: »Das kannst du probieren, aber sag's erst, wenn ihr schon beim Bankberater seid. Diskutier es mit niemandem, die zerreden es dir, ich kenne das.« Niemals hätte er ohne Joachim die Kurve gekriegt, was für Hermann bedeutete, dass er zwei oder drei Jahre später beim Techno-Ding aufspringen konnte – eben nicht ein gescheiterter Veranstalter aus der Punkszene, sondern jemand, der den Abgrund geschaut hat und den Jüngeren helfen konnte, grobe Fehler zu vermeiden und Krisen zu überstehen. Einen »Doyen der Popkultur« hat ihn der *tip* genannt, immerhin, und so war ihm die Idee für das Buch gekommen. Was aber kommerziell gesehen das Unergiebigste war, was er je begonnen hatte. Es hatte fünf Jahre gedauert, hundertachtzig Seiten zu schreiben. Und freundliche Anfragen des Verlags für einen zweiten Wurf hat er genauso freundlich zurückgewiesen.

Anfangs hatte er geglaubt, dass man, wenn man schon ein Buch schreibt, darin seine ganze Geschichte erzählen sollte. Also hatte er vorn angefangen und war tatsächlich – über den Zivildienst in Hamburg und das später abgebrochene Grafikstudium in Kiel – irgendwann in Kreuzberg angekommen, haderte aber mit dem Schreiben, als es um das Ende der Punkzeit ging. Wie gerufen, stand plötzlich Susanne vor der Tür, ein Mädchen aus Maschen, an das er sich kaum erinnern konnte, ein blonder Schimmer auf dem Schulhof, höchstens, rotblond, mit einem Grinsemund wie die Streisand. Die ihn, den vier Jahre älteren, immer bewundert und nun, nach dem Ende einer großen Liebe, in Berlin aufgespürt hatte und noch am selben Abend einzog, sechs oder sieben Monate blieb, von denen sie ein paar Wochen voll dabei war, bis in den Morgen tanzend im Tresor, dann plötzlich genug hatte, zur Treuhand ging, sie war nämlich Juristin; und kurz bevor sie für immer verschwand, sein Manuskript las. Sie war es, die erkannte: Dass die ganze Kindheitsgeschichte da nicht hineingehörte. Natürlich – nicht die Mutter, nicht der Tod des Vaters, nicht die peinigende Konkurrenz mit dem Bruder, und selbst die Rettung von Raw Music erzählte sich so viel einfacher, wenn es nichts anderes war als die eigene Geschichte. Ein paar gute Ideen, einige üble Tricks, mit einem guten Ende, haha. Das klang wirklich nach Punk und Neuen Wilden und Loveparade, der Mann im Hintergrund packt aus. Also die Kindheitskapitel gestrichen, das Manuskript abgespeckt auf vierzig Seiten und dann einfach weiter, Kreuzberg, ein paar Wochen in Detroit, wieder Kreuzberg, Fall der Mauer, dann nach Mitte, das fand er sogar selber gut, auch wenn all das ein bisschen besser klang, als es tatsächlich gewesen war – mit allen Namen drin, Phillip Boa, Blixa Bargeld, David Bowie, Wolfgang Müller, Nan Goldin, Martin Kippenberger, Nina Hagen. Außerdem war es tröstlich, das Esso-36-Buch neu zu schreiben, nachdem Susanne weg war. Großartig war sie gewesen und eine Nacktschönheit sondergleichen, aber es hatte nur geklappt, weil sie in ihm ihren Heroen vom Schulhof erblickte, etwas Überlegenes oder Mysteriöses, das sich, kein Wunder, mit der Zeit in Luft auflöste. Das Buch hat er ihr aber dennoch gewidmet, »Für S.«, klar, »Für S. in Dankbarkeit« anfangs, dann »in Dankbarkeit« wieder gestrichen, weil das zum Punk nicht passte.

Sie hatte, während sie noch das Manuskript las, zu ihm gesagt, einen Mann mit einer solchen Kindheit würde sie sogar heiraten. Und er: »Wieso ›sogar‹?«, statt zu sagen: »Okay, machen wir.« Umso mehr hatte es ihn überrascht, dass sie, als sie nach drei Tagen durch war, ihm mit dieser nüchternen Kritik kam. Kränkend natürlich, wenn man glaubt, man hätte ein Buch fast fertig. Aber weil sie zwischendrin diese rührende Bemerkung gemacht hatte, fiel es ihm leichter, keinen Zorn aufkommen zu lassen. Irgendwie hatte Susanne ihn verändert, ihm gezeigt, dass er gern ein bisschen stolz sein könnte auf all das, was er erlebt hat, aber dafür vielleicht weniger wütend.

Die Luft in der Potsdamer Straße ist feucht und riecht nach Abgasen. Der Dunst oder Nebel ist weg. Auf dem

Rückweg versucht er sich zu erinnern, wie sie weggegangen war. War sie regelrecht ausgezogen, mit einem Ford Transit von Robben & Wientjes, oder hatte er sie zum Bahnhof gebracht, das wäre damals der Bahnhof Zoo gewesen, oder war sie einfach verschwunden, der Klassiker, mit der Notiz auf dem Küchentisch? Und hatte sie nicht im letzten Moment gesagt: Das mit der Kindheit ist schon gut, aber etwas ganz anderes, ein zweites Buch, möglicherweise. Wie konnte das sein: Fast zwanzig Jahre waren vergangen, ohne dass er sich irgendwie bei ihr gemeldet hatte, und sei es mit dem ihr gewidmeten Buch, und das Kindheitsbuch war ungeschrieben geblieben. War es so, dass die Mutter erst hatte sterben müssen? Dass er sicher sein musste, richtigzuliegen: Da ist nichts zu holen, das wird nie wieder gut, Joachim bleibt für immer unerreichbar und wird niemals bereit sein, irgendeine Erinnerung mit ihm zu teilen. Das Haus des Vaters irgendwann doch verkauft und vom neuen Eigentümer in Kunststoff eingepackt. Würde das Buch so enden? Sollte er sofort damit beginnen, die Kindheitsgeschichte neu zu schreiben – oder war es längst zu spät?

Susannes Lieblingsanekdote war die mit der Schrebergartenhütte gewesen, und er legt sich die Details im Kopf geschwind zurecht, denn gleich, in der Diele, kommt das erste Bier und das zweite, dann ist es mit den Denken erst mal vorbei. Die Hütte, das Kaminfeuer, das Radio – vor allem die Sendung im Radio. Der Hunger, die Rettung, der Irrtum. Das muss er auf die Reihe kriegen, nachher. Denn es gilt als so gut wie abgemacht: Nach Mitternacht erzählt Hermann eine Geschichte, eine Brutalo-Story oder einen Punk-Schwank, das ist egal; seine Zuhörer die früheren Hausbesetzer, einstmals Wilde Maler, frühere geniale Dilettanten plus jüngere Arrivierte, nämlich die jetzigen

Betreiber von Raw Music. Und zwei frühere Kellner eines Wiener Szene-Restaurants am Landwehrkanal, das es rätselhafterweise nicht mehr gibt. Aus diesem Kreis kommen auch die Storys. Nur dieses Mal nicht. Das entscheidet Hermann, als er unter der riesigen Signatur Joseph Roths im Lokal erscheint. Der Tisch hinten ist inzwischen fast vollständig besetzt. Wolfgang hat ihm einen Platz freigehalten. Hermann wird dies erzählen:

»Mit achtzehn war ich so fertig, da habe ich zu Weihnachten meine Sachen gepackt, aber in die Adidastasche, wie zum Sport, und bin einfach weg von zu Hause. Es war kalt, es lag Schnee, und erst dachte ich, ich würde nach Hamburg trampen, aber dann fiel mir ein, dass ich einige Kilometer weiter eine Kleingartenlaube kannte, die den Eltern eines Schulfreundes gehörte. Deren Besonderheit, ratet! … Nein, kein Fernseher. Ein Kaminofen, das Holz an der Seitenwand vom Häuschen gestapelt. Musste die Tür unsanft öffnen, das tat mir natürlich leid. Da drin alles wie immer. Eine *Morgenpost* vom Spätherbst, einige Bücher. Dummerweise nur drei lange Streichhölzer, schon ein bisschen mürbe, und das dritte hat dann die Zeitung in Brand gesetzt, im Ofen natürlich. Und ein Grundig-Kofferradio. Ich hatte es schon ziemlich warm und zur Feier des Abends auch Kerzen angezündet, als ich irgendwo im UKW-Bereich auf ein Hörspiel stieß, das schon begonnen hatte. Aber ich habe mitgekriegt, dass es davon handelte, wie ein Mann namens Blaumilch in einer Stadt in Israel eine Straße aufreißt, illegal, und die Behörden schaffen es nicht, das zu stoppen. Das war für damalige Verhältnisse das Lustigste, was man sich vorstellen konnte, und ich fand den Sender supercool – obwohl man das damals noch nicht sagte –, so etwas zu Weihnachten zu bringen. Bin dann bald eingeschlafen, so richtig tief und wie im Rausch, obwohl ich in Wirklichkeit ja einen Riesenhunger hatte, und wurde gegen Mittag geweckt von einem Sozialarbeiter aus Harburg. So heißt eine große Stadt südlich der Elbe. Ein sehr verständiger junger Typ mit Bart. Ich habe ihm erklärt, dass ich es zu Weihnachten absolut nicht mehr aushalten würde mit meiner Mutter und meinem Bruder. Er hat nach meinem Vater gefragt, und stellt euch vor, ich war so fertig, ich habe es ihm erzählt, vom Tod meines Papas acht Jahre zuvor, und habe geweint, und der Hammer war, der hat mir den Arm um die Schultern gelegt und auch geweint. Dann hat er mich so ganz lieb gefragt, ob das unbedingt nötig für mich wäre, noch eine Nacht in der Hütte zu bleiben, sonst könnte ich, wenn ich wolle, auch mit zu ihm und seiner Freundin kommen für den Heiligabend. Und ich: ›Aber der ist ja jetzt vorbei!‹ Und er: ›Das stimmt nicht. Du bist am 23. zu Hause abgehauen, und der 24. ist heute.‹«

Und wenn sie murren würden, die alten Punks, weil sie keine Weihnachtsgeschichte hatten hören wollen, dann würde Hermann sagen: Wieso, das war doch gar keine.

Zerbrochener Spiegel

Bevor er sich auf seinen Stammplatz setzt, dritte Reihe auf dem ersten Balkon, sieht er sich gründlich um. Er weiß zwar, dass der Kammermusiksaal ausverkauft ist, aber es bleibt ein persönlicher Triumph, mit eigenen Augen zu sehen, wie die Sitzreihen sich einfärben und die Zuhörer zur Ruhe kommen, bevor – nur noch ein Murmeln unter den gedimmten Lichtern – das Barockorchester auf die zentrale Bühne marschiert, wo der Chor schon wartet. Verschleppter Applaus für die Solisten, und schon ist die Musik da, die erste Welle, die zweite Welle, die Fagotte, die Bassetthörner, der Paukenschlag – der Chor: Kyrie. Hermann hört das mit geschlossenen Augen.

In der Pause bleibt er sitzen, auch das eine Angewohnheit, starrt auf die Bühne mit den wenigen verbliebenen Instrumenten und grübelt, aber nicht zu sehr. Letztes Jahr hatte das Orchester aus Freiburg mit einem Telemann-Stück begonnen, wie auf Katzenpfoten, jeder Ton im Saal zu hören, sich wie auf eine Spindel zurrend, was wohl der Basslauf war. Er hatte an seinen Vater am Harmonium gedacht, versucht, das Bild aufzurufen: das Wohnzimmer mit dem quadratischen Parkettboden aus exotischem Holz; ein Adventskranz, Kiefernzweige, von Hand auf einen schwarz lackierten, kreisrunden Ständer geflochten, dieser mit vier Füßen, zwei Lichter brennend oder drei; das Ganze gespiegelt im großen Glas zum Garten hin. Der Vater mit gebügeltem Hemd und einer Weste mit V-Ausschnitt, graue Rauten oder ein Muster in Grün und Blau vielleicht, da verlässt ihn die Erinnerung. Der Vater spielte Buxtehude, für die Mutter, und später *Sophisticated Lady*, was die Mutter als Übergang in den weltlichen Teil akzeptierte, denn sie glaubte, mit der Lady sei sie gemeint.

Einen gewissen Hörschaden hatte Hermann mitgenommen aus der Punkzeit oder aus der Techno-Ära, das war im Nachhinein nicht mehr zu bestimmen, das linke Ohr halb taub. Seine späte Karriere als reisender Konzertveranstalter hatte ihn hingelenkt zur improvisierten Musik, erst nur elektronisch, dann auch akustisch. Anfangs hatte er das Wort »improvisiert« etwas lächerlich gefunden, denn alle Musiker improvisierten doch irgendwie, sogar die DJs in den großen Clubs. Mit auf Tournee, Abend für Abend dabei, dämmerte ihm schließlich, was gemeint war: Nicht das Variieren beim Spielen, sondern wie es dazu kam. Offenbar gab es ein Publikum, das sich dafür interessierte, quasi zuhörend mitspielte. In einer ausrangierten Fabrik in Witten oder einem ehemaligen Winzerkeller in Kraichtal: Für dieses Publikum gab es einen inneren Raum, das musste man erst einmal kapieren. Hermann hatte die kleine Agentur von einem müde gewordenen Kollegen übernommen und anfangs nach den »großen Acts« der Szene gesucht, nach einer Weile – und kurz bevor es zu spät war – aber bemerkt, dass es darauf nicht ankam. Namen mit mindestens sechs Silben, rare Instrumente, grafische Partituren, genau das war es, was diese Hörer wollten. Worauf es ankam, waren die Promo-Texte, die Kombination von Vokabeln, das Jonglieren mit Chiffren: »ein marrokanischer Oud-Virtuose, der an der Juilliard School Komposition studierte und sich im Paris der neunziger Jahre in wechselnden Fusiongruppen einen Namen machte«, das war die halbe Miete. Schweizer Design, eine Website von bescheidener Eleganz – das war die andere Hälfte.

Da war er natürlich noch weit entfernt vom Kammermusiksaal, obwohl ihm das Gebäude von Anfang an gefallen hatte, im Vorbeifahren, bei Abendsonne ein goldenes Zelt. Es war Henry gewesen, ein Gitarrist aus Seattle – früher Hardrock, später Grunge, jetzt experimentell –, der ihm in einer Kneipe zu später Stunde das Ticket untergejubelt hatte, ein Debussy-Abend, das dürfe er auf keinen Fall verpassen. Bis zur Pause fand er das Gesäusel grenzwertig, aber Henry lief im Foyer beim Sekt zu großer Form auf, sprach mit Engelszunge, kannte sich aus im Fin de Siècle. Als sie wieder im Saal saßen, bemerkte Hermann diese Stille, diese absolute Stille der Erwartung, und plötzlich war er gerührt vom ersten Ton, hineingesogen gegen seinen Willen, und als es vorbei war, wusste er, dass etwas Neues begonnen hatte; auch wenn die Musik über hundert Jahre alt war.

Das war im September, und zwar im globalen Pleitejahr, vor zehn Jahren. Oder acht oder neun. Jedenfalls hatte Hermann an Joachim geschrieben, der inzwischen, zum zweiten Mal geschieden, mit einer Bankerin namens Kirsten in London wohnte. Er schrieb einen richtigen Brief an den Bruder, den er fragte, ob es in London einen guten Ort für Kammermusik gäbe. Er habe inzwischen sogar die Philharmonie ausgecheckt, zweimal Simon Rattle dirigieren sehen, und auch das habe ihn sehr beeindruckt, aber nicht so sehr berührt. Es sei für ihn nur dann gut, wenn man jedes Instrument richtig hören könne. Übrigens sei auch die Trompete in der Kammermusik nicht unbedingt ein lautes Instrument, und so weiter, und er wagte es sogar, Joachim zu erinnern an den Vater an der Hammondorgel, und ob er, Joachim, noch wisse, was genau Papa gespielt habe. Es habe da ein Stück gegeben mit aufsteigenden Akkorden, die er sich als Kind immer als Treppe vorgestellt habe, und zwar aus verschiedenfarbigen Legosteinen gebaut: gelb, blau und weiß, merkwürdigerweise. Aber Joachim musste wahrscheinlich das Vermögen eines Kunden retten, die ganze Bank oder seine eigene Haut; es kam keine Antwort, damals.

Diese Distanziertheit, diese Willkür hatte sich der ältere Bruder als Gymnasiast angewöhnt, aber erst, als der Vater nicht mehr lebte. Er überredete die Mutter, ihn aufs altsprachliche Gymnasium gehen zu lassen, das beeindruckte sie, Latein und Griechisch, aber der Schulweg war immens weit, es sei denn, er hängte sich an Nils Möller, den Sohn des Arztes, der jeden Tag von seinem Vater morgens nach Heimfeld gebracht und von einer Sprechstundenhilfe, so hieß damals der Beruf, nachmittags abgeholt wurde. Joachim im weißen Hemd, flusiger moosgrüner Pulli mit Reißverschluss, schwarze Haferlschuhe, der Trompetenkoffer. Ein schnurgerader Scheitel, das Haar oben etwas länger und hinten kurz; der Stolz in den Augen der Mutter. Tat das weh? Halb ja und halb nein. Wo sollte der Vorteil sein, wenn man seine Jugend als Vorführmodell verbrachte. Andererseits schlecht für Hermann, damals noch Olaf, immer im Schatten zu stehen; immer die schlechteren Noten, die angeknabberten Fingernägel, und nie wollte zu Hause jemand wissen, wie viele Bälle er an einem Samstagnachmittag als Fußballtorwart gehalten hatte.

Und wer weiß, ob Joachim, dem Bruder, die Artigkeit der sechziger Jahre nicht doch zuwider gewesen war. Zum Abitur 1968 jedenfalls hatte er fast schulterlanges Haar gehabt. Den Wehrdienst verweigert, als das noch ganz wenige taten. Den Studienort so weit weg von Hamburg-Harburg gewählt wie irgend möglich. Die Trompete zu Hause gelassen. Tatsächlich hatte Hermann sie einmal ausprobiert, aber es war kein Ton rauszukriegen. Vor allem war er dann mit der Mutter allein, die immer noch ein Dankgebet sprach vor dem Abendessen, eine Neuerung nach dem Tod des Vaters, ihn daran erinnernd, dass er ein Ungläubiger war. Die Älteren fuhren zum Konzert auf die Isle of Wight oder sahen Woodstock in einem Hamburger Kino, und er steckte fest im wunderbaren Haus eines leider nicht mehr lebenden Vaters, südlich von Harburg oder am Nordrand der Nordheide. Die Bedrückung wuchs mit der Schwierigkeit der Schulaufgaben.

Jedenfalls hat Hermann begonnen, das aufzuschreiben. Eine Woche Brainstorming, was bei ihm bedeutet: Abstinenz. Nicht einmal ein Bier. So dass man noch ziemlich bewusst in den Schlaf fällt und beim Aufwachen sogleich die Träume in Erinnerung ruft, denn wenn man schreibt, träumt man von dem, was man schreibt. Das hatte schon damals gut geklappt, als er das Punkbuch raushaute in einem Affenzahn. Das Thema der Kindheit aber scheint noch schwieriger zu sein. Auf der einen Seite Wut, Angst und Schwermut, auf der anderen Seite die frühen Empfindungen. Denn es war wirklich so, dass man mit sieben Jahren in einem Roggenfeld ein Paradies fand und mit zwölf bei Schnee von Glücksgefühlen durchströmt wurde. Spielte er zu sehr das eine gegen das andere aus, hörte es sich an wie manisch-depressiv; so aber fühlte sich Kindheit nicht an. Er sollte vielleicht versuchen, das Glücksgefühl als universell darzustellen oder sogar als Verbindung mit dem Universum; und das andere, was einen niedergedrückt hat, als Handlung betrachten oder als Action. Die zentrale Szene würde den Tod des Vaters beschreiben, 1963, drei Tage nach Weihnachten.

Keineswegs hatte Hermann sich vorgenommen, an das Sterbebett der Mutter zu reisen. Er hatte eigentlich nur einen Termin in Hamburg gehabt, sich in Berlin einen Smart-to-go geholt, oder wie diese Dinger heißen, und einen spontanen Besuch im Altenwohnstift gemacht. Spontan, damit sie nicht anfangen aufzuräumen und die Mutter herauszuputzen. Niemand hatte ihm gesagt, dass sie auf dem Demenztrip war; acht oder zehn Wochen zuvor, am Telefon, war nichts davon zu merken gewesen. Er war so überrascht, dass er zunächst wegging, auswich, an der Station nach den Umständen fragte und den Aussichten.

Ein junger Pfleger hatte versucht, ihn aufzuheitern. Der glaubte, Demenz sei schon auszuhalten, mache vielleicht sogar Spaß. »Eine unserer Damen hier, hundertundzwei Jahre alt, hat mich gefragt: ›Wollen Sie mich heiraten?‹ Und ich: ›Das muss ich mir gut überlegen. Ich sage es Ihnen morgen.‹ Sie: ›Dann ist es zu spät.‹«

Er ging zurück zur Mutter und fragte sie, ob sie die Erbschaft geregelt habe. Sie schien nachzusinnen. Er fragte noch einmal. Dann sagte sie, mit absoluter Bestimmtheit: »Der Vater hat für uns alle gesorgt.« Er sprach für sie das Abendgebet, als das Essen kam. Nur um zu sehen, ob sie reagierte. Faltete sogar die Hände dabei. Sie sah ihm entgeistert zu. Hermann ließ sie mit dem Essen allein, denn dass sie selbstständig aß, galt als sicher, und holte sich in der Cafeteria ein Bier. Wieder bei der Mutter, goss er ihr etwas ein. Sie trank davon und sagte: »Joachim, das ist gut.« Dann wurde ihr Atem kürzer. Er holte keine Hilfe, er berührte sie nicht, und er sagte nichts. Er sah ihr einfach dabei zu, wie sie starb, überließ es dem jungen Pfleger, bei Joachim in

London anzurufen, und bat ihn, nicht zu erwähnen, dass er dabei gewesen war. In derselben Nacht fuhr Hermann zurück nach Berlin.

Der Kammermusiksaal füllt sich wieder, der Chor kommt zurück, das Orchester. Das Mozart-Requiem hatte ihn gänzlich ausgefüllt, der Haydn erreicht Hermann kaum noch. Er überlässt sich ganz seinen Gedanken. Das geht sehr gut bei Musik, aber nur live. Eine merkwürdige Sache. Er sieht die Münder der Sänger auf- und zugehen, und er glaubt, dass sie ihm etwas mitteilen. Und plötzlich ist er bei Susanne, die er seit zwanzig Jahren nicht kontaktiert hat, nicht einmal in diesem Sommer, nach dem Tod der Mutter. Scham fällt ihn an, die Trompeten blasen drüber. Die Hitze des Versagens und die Pauke dazu. Er springt beim Schlussapplaus auf und verlässt dann eilig das noch leere Foyer durch die Diensttür zum Büro.

Ein kleiner Angestellter ist er geworden, mit der Aufgabe, alle Druck- und Onlineprodukte für den Kammermusiksaal selbstständig zu konzipieren. Ein bisschen stolz ist er ja auch, dass er es doch noch gepackt hat, mit Bildprogrammen umzugehen und ohne Hilfe die Website zu bespielen. Aber der eigentliche Triumph liegt darin, dass er in diesem Gebäude mit seiner eigenen Musik zu Hause ist, jetzt, wo er genau dies am meisten braucht.

Seine Karriere als »Doyen« von Punk, Techno und Experimental hatte am 4. Januar 2008 in Leipzig geendet. Die Tour war unterbesetzt, er hatte Studenten angeheuert und in der Nacht beim Abbau selbst ausgeholfen. Natürlich gab er die präzise Anleitung, wie man schweres Equipment hebt, wendet, stemmt, dass es nicht wegrutscht. Auf keinen Fall, wenn man etwas zu zweit trägt, dieses fallen lassen. Aber genau das war der Aushilfe passiert, und das Letzte, was noch im Weg gewesen war, als die Lautsprecherbox zu Boden stürzte, war Hermanns rechter Fuß gewesen, die Fraktur mehrfach. Drei Tage im Krankenhaus in Leipzig, Transport nach Berlin, Operationen, Bein im Gips, und später musste das Gehen wieder gelernt werden, vier Monate Physiotherapie.

Die Plattenfirma installierte bei ihm zu Haus WiFi, ließ einen Laptop einrichten, der Praktikant gab ihm Unterricht. Er begann sich frei zu bewegen in der Welt der Mausklicks, spät, aber nicht zu spät. Tagsüber verwaltete er die kleinen Geschäfte von Raw Music, buchte nebenbei die Karte für den Kammermusiksaal; und dann, am Abend, die neu entdeckte Musik. Aus einer Laune heraus öffnete er damals die Website der Philharmonie, »Offene Stellen«, und da war sie, die halbe Stelle Öffentlichkeitsarbeit speziell für die Kammermusik, »zum nächstmöglichen Zeitpunkt, zunächst auf zwei Jahre befristet und nach E9 analog TVöD bewertet«. Die staunten natürlich, dass ein Ex-Punk auf Krücken vorsprach. Gefragt, was er an der PR generell verbessern würde, schlug Hermann vor, den Einführungstext auf der Website neu zu verfassen. Er würde den Kammermusiksaal »den kleinen Bruder der Philharmonie« nennen, zum Beispiel. Inzwischen war er übernommen worden; eine gewisse Chance, dem Altersprekariat zu entkommen. Auch Raw Music war mit dem Vinylboom wieder in Gang gekommen, West-Berlin, Krautrock, deutsche House- und Technomusik waren retromäßig angesagt, ja geradezu Kult. Im Dezember 2016: Achtzehnhundert Euro reiner Gewinn, als Anteilseigner. Joachim hätte gesagt, in London reicht das gerade einmal für die Garage.

Joachim, er hat seit Wochen nichts von ihm gehört. Die Mutter hat das Haus dem älteren Bruder vermacht und alles andere auch. Hermann weiß, dass man so etwas anfechten kann. Aber er wird sich nicht in einen Rechtsstreit mit einem High-end-Börsenmaxe begeben. Mitte Dezember, schon im dritten Kapitel des Kindheitsbuchs – es fehlt noch der Titel –, ist ihm eine merkwürdige Frage gekommen, nämlich ob es, wie er es notiert hat, »mein Leben als Kind geprägt hat, in Joachim lesen zu wollen. Der Bruder war wie eine Sphinx für mich, und je mehr ich versucht habe, mich in ihn hineinzuversetzen, desto mehr habe ich den Kontakt zu mir selbst verloren. Mit *zu mir selbst* meine ich all das, was ich empfunden hatte, bis ich zehn, also solange mein Vater am Leben war.«

Hermann steht im Badezimmer seiner kleinen Dachwohnung in der Lützowstraße und findet sich, mit dem Bund einer großen weißen Unterhose über dem Bauch, nicht attraktiv, aber authentisch. Er sieht sich ins Gesicht, mit einer amüsierten Skepsis, und genau in dem Moment, als das Handy im Schlafzimmer jault, denkt er: *Zerbrochener Spiegel.* So wird das Kindheitsbuch heißen.

Am Telefon ist Joachim, »aus London«, wie er sagt. »Olaf«, sagt er – er nennt Hermann bei seinem Kindernamen –, »ich gebe das Haus jetzt auf. Du kannst es haben, wenn du willst.«

Stellt sich heraus, dass das Haus der Mutter nicht, wie Hermann dachte, geräumt wurde. Daran sei der erste Makler gescheitert, das könne er einfach nicht verkaufen. Joachim ahmt den etwas einfältigen norddeutschen Tonfall am Telefon nach. Der zweite Makler war eine Maklerin, die sich mittendrin einen guten Job in Hamburg geangelt hat.

»Was den dritten betrifft, Immo-Immobilien, haha, habe ich dir schon gemailt, im Oktober oder so, da kam ein völlig inakzeptables Gebot zurück. Inzwischen hatten wir einen vierten dran, und ich kann es einfach nicht mehr hören, das Haus hätte keinen Umweltpass, man hört bei Ostwind die Autobahn und der ganze deutsche Wahnsinn.«

»Ein modernes Architektenhaus ist eben nicht aus Plastik«, steuert Hermann bei. Noch ist er im Zustand der Verblüffung. Hat Joachim soeben gesagt, er könne das Haus »haben«?

»Übrigens habe ich die Erbschaft amtlich noch gar nicht angenommen«, legt Joachim nach. »Ich muss herausfinden, wie das jetzt an dich geht, ohne dass Unkosten oder Steuern anfallen, aber ich bin da zuversichtlich. Es tut mir ein bisschen leid, dass ich dir damit zu Weihnachten komme, aber der Brexit hält uns alle in Atem, eine ganz schwierige Situation hier, und ich glaube auch nicht, dass wir in London bleiben werden. Olaf?« Tatsächlich hört Hermann schon nicht mehr zu, weil die Nachricht mit dem Haus ihn überwältigt hat. Was bedeutet denn das für sein Leben? Für das Alter, für das Verhältnis zum Bruder, für das Kindheitsbuch?

Er packt für eine Woche und meldet sich beim chinesischen Künstlerpaar im Vorderhaus ab, was das Weihnachtsessen angeht. Er schenkt ihnen Karten für die Tschechische Kammerphilharmonie am zweiten Weihnachtsfeiertag. Hinten am Gleisdreieck findet er den Smart. Der westberliner Stadtplan hat sich kaum verändert, auch wenn die Straße jenseits der Philharmonie jetzt nicht mehr »Entlastungsstraße« heißt. Großer Stern, Straße des 17. Juni, Ernst-Reuter-Platz, Bismarckstraße, Stadtautobahn. Vielleicht ging es doch zu DDR-Zeiten anders, am Übergang Heerstraße auf die Transitautobahn? Vergessen.

Er muss grinsen, im Brandenburgischen, wegen des 23. – heute vor fünfundvierzig Jahren ist er abgehauen und hat sich in der Schrebergartenlaube versteckt. Hermann fragt sich, ob der Sozialarbeiter noch lebt, der ihn da herausgeholt hat. Dem müsste man mal etwas richtig Tolles zu Weihnachten schenken. Nur, Hermann kann sich überhaupt nicht daran erinnern, wie der hieß.

Zwei Stunden später, das Haus in Bendestorf, ein betongrauer Klotz zwischen Kiefern mit einem strengen schmiedeeisernen Zaun zur Straße hin. Der Gehweg ist nur markiert, nicht als Bürgersteig abgesetzt, also parkt er darauf. Im Haus kein Licht. Aber der Schlüssel ist dort versteckt, wo Joachim gesagt hat. Als er ihn im Schloss dreht, bekommt er einen Wärmeschub. Es ist wieder das Haus des Vaters geworden, und jetzt ist es seins. Er steigt zuerst in den Keller hinab und schaltet den Ölbrenner ein, neueres Modell, kleiner als früher. Er prüft den Bestand an Wein und Bier. Das Bier ist knapp und am Verfallsdatum angekommen. Er nimmt es mit hoch. Irgendjemand hat den Kühlschrank geleert, aber nicht vom Strom genommen. Er geht von unten nach oben durch die Zimmer und schaltet alle Lichter ein, die er finden kann. Wieder unten, schiebt er die große Glastür auf. Er geht bis zum Ende des Gartens, weit ist das nicht. Die immergrüne Hecke ist verschwunden. Er lehnt sich mit dem Rücken gegen den Zaun und bewundert das Haus, das der Vater nach eigenen Plänen erbaut hat. Hermann beschließt, es zu behalten.

Am nächsten Tag fährt er vormittags zu Edeka. Vor dem Geschäft werden gerade unverkaufte Christbäume auf die Ladefläche eines Fahrzeugs geworfen. Er fragt die Leute, was so einer kostet, und bekommt einen geschenkt. Der Smart hat hinten ein klappbares Fenster, und da guckt dann der Baum zur Hälfte raus. In einem Kellerschrank findet er den eisernen Ständer und den Baumschmuck. Noch aber liegt der Baum vor der Tür, an der gerade jemand läutet. Er macht auf und sieht vor sich Susanne, auf der Straße einen Volvo V70 mit laufendem Motor. Sie sehen sich in die Augen, mit offenem Mund. Sie atmet, als wäre sie im Dauerlauf hierhergekommen. Schließlich sagt sie: »Ich … ich dachte … nee, ich hab mich nur gewundert, dass wieder Licht im Haus ist.« Mit ihrem rechten Stiefel streichelt sie etwas verlegen den zusammengerollten Baum.

Dann sitzen sie zusammen auf dem geblümten Sofa, von dem Hermann sagt, das passe nicht, das müsse raus.

»Wieso, willst du hier einziehen?«

»Vielleicht pendeln, erst mal. Ich habe eine halbe Stelle in Berlin.«

Sie lacht laut: »Du und eine Stelle!« Plötzlich findet er das auch komisch.

»Was machst du denn heute – feierst du den Heiligen Abend? Einen Tannenbaum hast du ja schon.«

»Ich erleuchte das Haus«, sagt er.

»Und morgen?«

Ihm fällt nichts ein. War er wieder ein Junge geworden?

»Und übermorgen?«

»Mal sehn«, antwortet er, von seiner eigenen Schüchternheit übertölpelt.

Susanne war nach ihrer Zeit bei der Treuhand Richterin in Harburg geworden. Sie hatte ein Haus aus den dreißiger Jahren bei Bendestorf entdeckt und spät, wie sie sagt, einen etwas älteren Mann geheiratet, »jemand, der gut zu uns ist, zu mir und meinem Sohn«.

»Ein Sohn? Davon wusste ich gar nichts«, sagt Hermann.

»Wie auch«, antwortet sie. »Aber, du kannst meine Familie und alle meine Freunde kennenlernen, wenn du am zweiten Weihnachtsfeiertag um sieben zu uns kommst. Wir haben einen langen Eichentisch im Wohnzimmer, aus einem Gasthof übernommen, und der wird gut besetzt sein. Du wirst sehen. Bring zwei Flaschen Rotwein mit, wenn du kannst.«

Susannes Haus ist ein mit Aufwand und Geschmack restauriertes Schmuckstück, die Decke im großen Wohnzimmer hoch und holzgetäfelt. Das Kaminholz wird gerade von einem Jungen routiniert in Form gebracht und angezündet. Susannes Mann ist bärtig, mit gütigen Augen – Augen, die Hermann kennt. Bevor es gesagt wird, weiß er, dass er Jürgen heißt. Dies ist der Mann, der ihn vor Jahrzehnten aus einer Gartenlaube geholt hat, beruhigt, getröstet und zu Weihnachten mit nach Hause genommen. Er hat ihn in den Monaten danach vielleicht fünf- oder sechsmal getroffen und dann den Kontakt verloren. Hermann gibt ihm ergriffen die Hand, und der andere schaut fragend zurück.

Es ist ein großes Fest, es wird gesungen, es werden Gedichte vorgelesen, Anekdoten erzählt. Niemand scheint Hermanns Kreuzberger Lebensgeschichte zu kennen und erst recht kein Buch darüber. Er gibt Schwänke zum Besten, auch den Leipziger Unfall, den er so detailliert schildert, dass einige der Frauen am Tisch kreischen in nachempfundenem Schmerz. Hermann ist versucht, die Gartenlaubenepisode noch einmal vorzutragen, aber er fürchtet sich vor der eigenen Ergriffenheit. Immer wieder sieht er zu diesem Jürgen hinüber, so dass ihm lange entgeht, wie er selbst vom anderen Ende des Tisches her fixiert wird. Es ist Susannes Sohn Tobias, dessen Augen ihn treffen wie etwas aus der Vorzeit. Etwas, das noch länger zurückliegt als die eigene Kindheit. Als er es doch noch merkt, erschrickt er zutiefst, und er betrinkt sich, so schnell er kann.

Nach Mitternacht gehen die meisten, und er schließt sich an. Dann bleibt er allein zurück im kalten Hausflur, mit den Schnürsenkeln uralter Winterstiefel hadernd. Den Blick auf den Boden gerichtet, sieht er den Schatten von jemandem über sich. Er knurrt, ohne aufzublicken. Die Stimme über ihm spricht genau das aus, was er befürchtet hat, dass er zu betrunken sei und nicht mehr fahren könne – die Stimme des Jungen. »Ich habe grad den Führerschein gemacht und bin total clean. Musst du nicht nur nach Bendestorf rein?«

Bei laufendem Motor mit vollem Gebläse ist die Frontscheibe des Volvos nach zwei Minuten frei. Der Junge fährt aufmerksam, aber noch nicht sehr sicher. Hermann leitet ihn an, »nächste Möglichkeit links«, wie ein Fahrschullehrer. Sonst sprechen sie nicht. Die Beleuchtung des Hauses hat Hermann angelassen.

»Mit Stromsparen hast du's offenbar nicht«, sagt der Junge, der die Handbremse angezogen hat, die Gangschaltung im Leerlauf.

»Im Moment nicht«, antwortet Hermann. »Dieses Haus hat mein Vater gebaut. Ich habe es gerade zurückbekommen.«

»Zurück …?«

»Kommst du mit rein?«, fragt Hermann.

»Nein, ich … muss auch … zurück«, kichert Tobias.

Hermann gibt ihm die Hand. Die Hand des Jungen ist feucht. Er stupst die Wagentür hinter sich zu und hat Mühe, auf der glatten Straße sein Gleichgewicht zu finden.

»Es ist glatt, pass auf!«, ruft er dem Fahrer im Wageninneren zu. Der öffnet den Mund, aber man kann die Antwort nicht hören.

Tagesordnungspunkt 7

Paolo, in Leidenschaft gezeugt, kennt seinen Vater nicht und erwähnt ihn nie. Mit seinen schwarzen Locken und rosigen Wangen ist er von einem bayrischen Buben kaum zu unterscheiden. Doch, da gibt es eine Tiefe in der Dunkelheit der Augen wie der Blick in einen Brunnen. Das weiche Kinn verleiht seinem Profil einen weiblichen Zug. Ein feiner Flaum über der Oberlippe. Sein Stimmwechsel hatte nur zwei Monate gedauert; seine Mutter hat ihn verpasst. Sie verbringt das Frühjahr auf Mallorca, wo sie eine Kräuterfarm betreibt. Das macht sie seit zwölf Jahren so: »Ein bürgerliches Leben, das ist nichts für mich«, hat sie zu Bernd Schramm gesagt, als sie sich kennenlernten.

Mein Kuckuckskind, denkt er, mit dem Rad entlang der Isar stadteinwärts fahrend, so schnell er kann. Die weißen Blüten fliegen an ihm vorbei, es ist ein Rausch. Der Pfad wird schmal und plötzlich weit in einer Senke, dort verzweigt er sich, und andere Radfahrer kommen ihm entgegen. Einer, der ihn überholt, streift ihn mit der flatternden Jacke.

Gewohnheitsmäßig bleibt er in der Elternversammlung halbwegs passiv, hört zu, schreibt ein bisschen mit, aber trägt nie etwas bei, was nicht notwendig ist. Was hat es nicht alles für Palaver gegeben, ob das Abitur nach zwölf Jahren erstrebenswert sei oder nicht. Und wie er sich geirrt hat, weil er dachte, das Thema wäre politisch entschieden und nicht zu revidieren – seine Sicht der Welt, die Paolos Mutter »legalistisch« nennt. Soeben aber hat die Landesregierung die große Reform gestoppt und schafft das schnelle Abitur wieder ab. Weil er nie Partei genommen hat, kann er sich darüber nicht freuen.

Man sieht den Tagesordnungspunkten nicht an, was lange dauern wird, aber meistens sind es nicht die ersten, die formalen, und nicht der letzte, weil es bis dahin einfach zu spät ist. Wieder löst das Stichwort »Mobbing« größte Emotion aus: Zwei türkische Mitschüler drangsalieren ein ebenfalls türkisches Mädchen, weil dessen Eltern in der Verfassungsfrage gegen Erdoğan stimmen werden. Von den möglichen Eltern ist nur der Vater eines der Buben zugegen. Der – schnauzbärtig, brütend – schweigt. Dafür reden die anderen umso mehr, ein Gestrüpp von Anschauungen und Polemiken. Am Ende der Debatte jedoch sieht das Problem größer aus als am Anfang und scheint nahezu unlösbar. Es ist jetzt schon 22 Uhr 22, und noch ist der Tagesordnungspunkt Nummer 7 nicht angesprochen, rätselhaft formuliert: »Eine Sittlichkeitsfrage«.

Er meldet sich zu Wort. »Ja, Dr. Schramm?«

»Trotz all dieser nützlichen Überlegungen zu den Konflikten um den politischen Kurs der Türkei würde ich doch empfehlen, den letzten Punkt anzusprechen.«

Das klappt aber nicht. Auch die Letzten, die sich zu Erdoğan und Mobbing gemeldet haben, wollen noch drankommen. Drei der Elternvertreter brechen um halb elf gleichzeitig auf. Das letzte Thema der Versammlung wird spät, und zu spät, von der Klassenlehrerin verzagt anmoderiert: Es gebe seit neuestem das Problem, dass sich Schüler – wohl eher nicht Schülerinnen – »unsittliche Bilder aus dem Netz herunterladen«. Der Fachlehrer habe solche Bilddateien, Fotos und Videos, auch auf Computern der Schule entdeckt, wo sie mit enormer Fachkenntnis abgelegt worden waren, verborgen, aber in der Cloud abrufbar. »Versteh ich nicht«, zischelt jemand. Bernd Schramm versteht es erst recht nicht, er hat von Computern keine Ahnung. Unter den Eltern, die zu drei Vierteln aus Müttern bestehen, registriert er ein verlegenes Lächeln. Überraschenderweise meldet sich jetzt der türkische Vater zu Wort: »Geht das nicht! Muss verboten werden!« Der Abend endet in wohlwollendem Gelächter.

Die Vorstadtstraße trägt ihre Pracht auf bescheidene Weise und sieht wegen der altmodischen Straßenbeleuchtung behaglich aus. Sie endet in einer T-Mündung, und wenn man über die Querstraße hinwegfährt, landet man direkt am Gartentor, das immer offen steht. Da schiebt er sein Fahrrad durch und parkt es in einer Laube, die den überdachten Mülltonnen gegenüberliegt, alles im kleinen Maßstab. Ist das Fahrrad abgestellt, geht er den Weg weiter, zwischen den beiden Vorderhäusern hindurch ins Atrium. Von vier Haustüren ist seine die hintere rechts, mit dem Gewinn, wie er vor vielen Jahren bei der Besichtigung des Neubaus staunend feststellte, dass auf der Rückseite ein Garten anschließt. Die nächtliche Ruhe der Wohnung hat etwas Tröstliches. Er meint Paolo im Schlaf atmen zu hören, nachdem er die Haustür geschlossen hat. Er hört ihn nicht wirklich und weiß doch, dass der Junge schläft.

Den ersten Behandlungstermin am Morgen hat er um neun. Jetzt ist es zwanzig Minuten vor und Paolo längst aus dem Haus. Am Telefon die Klassenlehrerin, die ihr Amüsement zu verbergen sucht, während sie ihm mitteilt, dass sein Sohn – »Es ist doch Ihr Sohn?« – offenbar zu denen gehöre, die unter Tagesordnungspunkt 7 gestern gemeint waren.

»Woher will man das wissen, wenn es nur Spuren in einem Computer sind?«

»Es gibt nicht einmal ein Dutzend Schüler, die diese Art von Zugang haben. Und einer von ihnen hat beim Leiter des Informatikkurses seine Bedenken vorgetragen.«

»Die anderen denunziert?«

»So würde ich es nicht ausdrücken. Da brauchte einer Hilfe. Junge Menschen – und nicht nur junge Menschen – geraten in Bedrängnis, wenn unvermutet Pornografie auftaucht. Und wir sprechen wirklich nicht von harmlosen Bildchen.«

Vom Klo aus starrt er die Waschmaschine an, die mit sich selber spricht. Er überlegt, wie er Paolo am Mittag zur Rede stellen soll. An der Haustür geht er flüchtig mit der schwarzen Bürste über seine Schuhe. Um zehn vor neun ist er draußen. Er denkt an seine erste Patientin, die die Gewohnheit hat, zu früh zu erscheinen. Terhalle-, Griechen-, Arnpeckstraße – in der Frühjahrssonne. Der Fußweg reicht so eben, um die Fallgeschichte aufzurufen.

Die Praxis ist eigentlich klein – das Bürozimmer zur Straße hin und das Behandlungszimmer zum Garten, ein schmaler Flur quer davor –, aber die Räume und die Fenster sind hoch. Sein Schild, »Dr. med. Bernd Schramm – Facharzt für Psychiatrie, Psychoanalyse«, ist eines von vieren und signalisiert die Zugehörigkeit zu Ärzteschaft und Gesundheitswesen. Die Türen hat er gepolstert vorgefunden, was ihm behagt, obwohl es tatsächlich in der Praxis keinen Dritten gibt.

Die Patientin möchte nicht Frau Schmidinger genannt werden, sondern Cornelia. Sie ist achtundzwanzig Jahre alt und durchs erste juristische Staatsexamen gefallen. Ihr Freund hat sie verlassen. Dies ist die vierte Sitzung, und noch sind sie eher an der Oberfläche. Cornelia möchte nicht auf der Couch liegen, obwohl sie das »mythisch« findet. Sie zieht das alternative Arrangement vor: Sie und ihr Analytiker sitzen tief in eiförmigen Sesseln, leuchtend rote Textilbezüge, nebeneinander und schauen durch weiße Vorhänge ins Grüne.

Dieses Zimmer ist eine Insel des Vergessens, mit der Absicht, sich zu erinnern. Die Patientin kann nicht wissen, woran sich zu erinnern notwendig sein wird, und ihr Analytiker auch nicht. Das verbindet sie. Er kennt sich aus in Methoden, sie wacht über das Material. Sie will herausfinden aus ihrer Lebenskrise; er will beruflich erfolgreich sein. Er weiß, dass viele seiner Kollegen die Offenbarung des Materials durch Schweigen erzwingen. Das hat er auch probiert, aber es bald als Wichtigtuerei verworfen. Schramm baut Brücken, fragt nach, zeigt der Patientin die komische Spur des Freud'schen Versprechers auf. Seine Autorität bedeutet ihm wenig, das Vertrauen der Patientin umso mehr.

Anfangs waren seine Patienten Männer mit Suchtproblemen gewesen – Alkohol vor allem. Im sechsten Jahr überwies man ihm einen heiklen Fall, eine notorische Diebin aus einer vermögenden Familie, an der bereits zwei Kollegen gescheitert waren. Inzwischen war er Spezialist für Frauen und Mädchen geworden. Und er wusste, warum: Er mochte sie. Und sie mochten ihn. Manchmal zu sehr, aber das war Teil der therapeutischen Situation. Da musste man durch.

In der Mittagspause, auf dem Rückweg, ersinnt er eine List. Er wird Paolo nicht wie einen Betroffenen, sondern wie einen Zeugen befragen. Kein Wort vom Anruf der Lehrerin am Morgen. Nur Aufschieben darf er es nicht:

»Gestern war ja Elternversammlung.«

»Ich weiß.«

»Hast du die Tagungsordnungspunkte gesehen?«

»Du hast mir beigebracht, deine Post nicht zu lesen.«

»Punkt 7 war eine Sittlichkeitsfrage.«

Paolo, die Stirn theatralisch in Falten: »Was ist denn das?«

Schramm muss lachen. »Es wird behauptet, jemand aus dem Informatikkurs hätte unanständige Bilder versteckt.«

»Versteckt?!«

»Im Schulcomputer.«

»Das gibt doch nicht nur einen.«

»Dann eben im Server oder wie das heißt.«

»Hinter dem Server liegt das ganze Internet.«

»Davon verstehe ich nicht viel, wie du weißt. Aber gucken sich die Computerschüler unanständige Bilder an?«

»Meinst du Pornos?«

»Ja, was denn sonst.« Jetzt aufpassen, denkt Schramm, dass mir das nicht abgleitet ins Banale.

»Wie du selbst immer sagst: Es gibt nichts, was es nicht gibt.«

»Aber es gibt Gesetze. Ihr seid zu jung.« Der Junge ist überhaupt nicht verlegen.

»Wieso? Die Schule kann doch den Zugang zu Websites regeln. Macht sie auch, soweit ich weiß.«

»Trotzdem, guckt ihr Pornos?«

»Jeder hat irgendetwas auf seinem Handy.«

»Jeder? Auf dem Handy?«

»Ach Papa, darum geht es doch gerade. Im Internet ist nichts versteckt! Du findest da die Anleitung zum Bombenbauen, wenn du willst. Die Frage ist, was man draus macht!«

Ende der Woche hat er es fast vergessen. Am Samstagabend kommt der Anruf aus Mallorca. Auf der Kräuterfarm wird schon geerntet. Erst spät am Abend fällt ihm ein, dass er das Schulproblemchen hätte erwähnen können. Am Mittwoch drauf klingelt das Telefon zur gleichen Zeit.

»Ich wollte gern von Ihnen wissen, ob Sie mit Paolo haben reden können.«

»Ja, selbstverständlich. Er stellt es so dar, dass die Schule ihre Computer selbst einstellt – der Zugang zum Internet wäre eingeschränkt.«

»Sie meinen, er behauptet, mit der Sache gar nichts zu tun zu haben?«

»Nicht direkt.«

»Sondern indirekt?«

»Ja, ausweichend, vielleicht.«

»Er hat ausweichend damit zu tun?«

»Nein, nicht zu tun ... ich meine, er weicht aus.«

»Das tun Schüler immer in solchen Fällen. Fast immer. Aber wir erwarten von den Eltern, dass die Sache geklärt wird. Aus der Sicht der Schulleitung handelt es sich nicht um eine Kleinigkeit.«

»Gibt es denn einen Verfahrensweg?«

»Um Himmels willen! Genau das versuche ich als Klassenlehrerin zu verhindern. Und ich dachte, gerade Sie wären der Vater, der mich da unterstützen könnte.«

Als er nach der Morgensprechstunde nach Hause kommt, spürt er Durchzug beim Öffnen der Wohnungstür, die hinter ihm laut zuschlägt.

»Paolo?«

Die Tür zur Terrasse steht offen und ist am oberen Ende verbogen, das Glas aber nicht gesprungen. Schramm bleibt auf der Stelle stehen und lauscht. Er überlegt, was zu tun

128

wäre, wenn er Schritte hörte. Dann zuckt er zusammen bei einem Pfeifton, der sich zum Singsang einer Amsel entfaltet und nach wenigen Sekunden in einer Frage endet. Sie muss direkt über der aufgebrochenen Tür sitzen. Oder gesessen haben, denn der Ruf wiederholt sich nicht. Stattdessen steht eine Katze des Nachbarn, die schwarze mit dem weißen Gesicht, plötzlich auf der Schwelle und reißt ihr Maul weit auf. Es kommt aber kein Ton heraus. Ihm bricht der kalte Schweiß aus.

Die Polizei hat es nicht eilig, Paolo ist zuerst da. Im Moment des Erschreckens ist er wieder ein Kind. Er wird immer etwas Niedliches haben, mit dem runden Gesicht und den Kulleraugen. An der Art, wie er mittags eine aufgebackene Tiefkühlpizza in sich hineinschlingt, sieht man sein Alter.

»Ich hatte heute Morgen wieder einen Anruf von Frau Kanngießer.«

Der Bub unterdrückt ein Grinsen: »Wieder?«

»Sie will verhindern, dass ein Verfahren gegen euch eingeleitet wird.«

»Wir haben doch nicht eingebrochen«, sagt Paolo.

»Was habt ihr dann?«

»Das war doch nur Spaß.«

»Und wie sah der aus?«

»Och Papa. Da war einer so blöd und hat den Verlauf nicht gelöscht.«

»Und kann man das nachvollziehen? Stehen die Bilder da noch herum?«

»Ich hab ja nicht gesucht. Aber das gibt's sowieso überall. André steht auf Ebony. Leon guckt immer FKK.«

»Und du?«

Es klingelt. Die Polizei.

»Ich gar nichts!«

Während Schramm die Haustür öffnet, wirft Paolo die Hälfte seiner Pizza in den Abfall. Zum Abendessen erscheint er nicht, ohne eine Notiz hinterlassen zu haben. Als er zurückkommt, hilft er seinem Vater, die Balkontür so in Form zu drücken, dass man sie wieder schließen kann. Wo er war? Er hat doch eine Mail geschickt!

Am Abend schaut Schramm seine Notizen durch, die drei Fallgeschichten vom Vormittag und eine Gruppensitzung am Nachmittag. Das ist eine neue Form der Therapie. Nein, nicht wirklich, nur für den Analytiker. Die Gruppe forciert den Bekenntnisdrang. Ein halbes Dutzend Teilnehmer macht rasante Fortschritte, die andere Hälfte langweilt sich zumindest nicht.

* * *

Bevor er ins Bett geht, ruft er seine Mails auf. Das ist gegen seine Gewohnheit, denn er glaubt, es gäbe nichts, was nicht bis zum Frühstück warten könne. Aber Paolo:

»Papa, heute Abend ist Treffen bei André. Wir machen mal Krisensitzung. lg P.«

Schramm tappt leise die Treppe hinunter, holt sich ein Glas Rotwein, kehrt zurück in sein Zimmer unterm Dach, mit dem Sportteil der *Süddeutschen Zeitung*. Der Laptop steht noch aufgeklappt, der Bildschirm ohne Licht. Er tippt auf die Umschalttaste, der Bildschirm bringt Paolos Mail zurück.

Ein Moment des Zögerns – er tadelt sich still für seine Ambivalenz – und geht auf den Explorer, gibt »FKK« ein, schaltet auf »Bilder« um; die kurzen Wege der Tastatur und der Mausklicks, alles von Paolo gelernt. Der Fototeppich,

der erscheint, ist harmlos. Zurück zur Startseite: »Ebony« –
Bilder. Schwarze in Amerika, Lifestyle, Promis, HipHop.
Noch einmal von vorn: »Ebony Fotos«. Eine rein verbale
Liste mit mehr als fünf Millionen Ergebnissen. Paolo hat
ihm gezeigt, nicht nach Stichwörtern zu gehen, sondern auf
die Namen der Web-Adressen zu schauen. Schramm wählt
eine, die auf »tumblr.com« endet. Noch bis vor wenigen
Jahren haben sie zusammen Tierfilme angeschaut. Das Layout ist ihm vertraut. Er erkennt den Archivbutton wieder,
wählt von den gelisteten Monaten den Mai; auf dem Bildschirm erscheinen nacheinander die Fotos, als würden Pa-
tiencekarten ausgelegt. Die ersten wieder Mode; der zweite
Schub uneindeutig; zum Ende hin plötzlich Pornografie.
So leicht ist das! Er ist überrascht.

Ihm fällt ein, wie er zum ersten Mal ein Pornoheft gesehen hat. Es lag in einem weiß lackierten Fach mit einer
schwarzen Klappe, in die ein Fenster eingelassen war. Der
Automat, zuvor genutzt für Snacks und Getränke, war
umgerüstet worden. Man brauchte Münzen im Gegenwert
von fast zwanzig Mark. Was bedeuten sollte, dass es nichts
für Kinder war. Nun, sie waren fünfzehn und sechzehn,
Schüler aus München und Oberbayern, die sich das fernste
vorstellbare Sommerziel gesucht hatten, einen riesigen
Campingplatz in Dänemark. Der Umstand, dass »dänisch«
damals wüste Vorstellungen auslöste, hatte möglicherweise
bei der Wahl des Ziels eine Rolle gespielt.

Der Strand – erreichbar über Holzstege durch die Dünen – war wie eine Antithese zur Zivilisation vor die Ge-
räuschkulisse des Meeres gestellt, ein weißes Band ohne
Fahrzeuge oder Buden, mit rot gestreiften Schirmen, Familien, Picknickkörben. Man konnte im Hauptteil bleiben,
südlich oder nördlich wandern. Nach Norden hin nahm

die Strandpopulation ab und später wieder zu, wobei die Bekleideten sich dann mit Nackten mischten. In der Ferne nur noch kupferne Körper im Abendlicht. Aber die katholischen Schüler, zu zweit oder zu dritt, wagten sich nicht weiter, sie kehrten beim ersten Mal um und beim zweiten Mal auch. Schließlich wurde ein Heft bei Dunkelheit dem Automaten entnommen. Klassischer Fall von pornografischem Begehren, denkt Schramm: Ersatz.

Am Nachmittag des nächsten Tags leitet er eine zähe Sitzung: Leute, die nicht schlafen können oder immer wieder gekündigt werden oder über eine Trennung nicht hinwegkommen. Er hat den doktrinären Rahmen der Psychoanalyse verlassen und wird bei den Treffen der Gesellschaft, seitdem er Gespräche in Gruppen anbietet, von den älteren Kollegen mit einer gewissen Herablassung behandelt. Nach der Sitzung schreibt er eine halbe Stunde am Computer Protokoll, nach Stichworten aus seinem Notizbuch. Gedankensport ist das, die Übersicht behalten, Mutmaßungen in Gewissheiten überführen. Der Drucker braucht eine Weile, er summt nervös, um dann die Papiere schubweise auszuspucken, während Schramm auf die Nachbarvilla hinausschaut, ohne sie wirklich zu sehen, und jetzt fällt ihm ein, dass das Betrachten pornografischer Bilder in den achtzehn Jahren seiner analytischen Praxis gelegentlich erwähnt worden war, während in den Gruppen nie davon gesprochen wird. Und was besagt das: Ist Pornografie noch immer ein großes Tabu? Oder im Gegenteil, so normal, dass sie keiner Rede mehr wert ist? Hat er etwas verpasst?

Auf dem Heimweg hört er aus dem Parterre einer Stadtvilla das Tirilieren einer Flöte. Plötzlich fällt ihm Odysseus ein, der seinen Gefährten die Ohren mit Wachs versiegeln und sich selbst an den Mast eines Schiffs binden lässt, um den Sirenen zu entgehen, die von der Insel her unwiderstehlich singen. »An den Mast binden«, dass das noch niemandem aufgefallen ist!

* * *

»Paolo«, ruft er beim Eintreten, aber es kommt kein Ruf zurück. Er wäscht den Salat, schleudert ihn und bereitet das Dressing vor. Nun steht Paolo im Türrahmen zwischen Esszimmer und Küche und streckt sich, als hätte er geschlafen. Er hat etwas Müdes in den Augen. Aber wie immer springt er sofort ein, Schramm muss es nur ansagen: Spülmaschine ausräumen, Nudelwasser aufsetzen, Parmesan reiben.

Fast noch rätselhafter als der Freiheitswunsch der Mutter erscheint ihm der Gleichmut dieses Sohnes. Oder mehr als das. Paolo ist ausgeglichen und geerdet, von einer körperlichen Ruhe, so elementar, dass sie auf andere abstrahlt. Am Telefon klingt er wie ein Erwachsener. Schramm ist froh, dass er daheim jemanden hat, der nicht im Geringsten im Verdacht steht, ein weiterer Patient zu sein. Und auch, dass der Bub erst vierzehn ist, so wird er noch eine Weile bleiben.

Paolo besitzt noch nicht einmal ein Smartphone. Selbst das Handy vergisst er mitzunehmen. Er sagt, die Unterwerfung unter die Zyklen der Kommunikation sei kommerziell bedingt. Tatsächlich sei der Vorteil begrenzt: »Du bist in einer fremden Stadt und suchst eine Adresse, gut. Aber die zehn Mal davor, wo du im Internet warst, und die zehn Mal danach – alles überflüssig.« Deshalb, sagt Paolo, muss man den Rechner ernst nehmen, die Industrien dahinter, die Datenspeicherung. Das sei so ähnlich, wie Pilot zu sein – das Meiste geschehe von allein, und trotzdem müsse man

Herr des Verfahrens bleiben. Schramm weiß, dass Paolo sich das nicht selbst ausgedacht hat, aber nickt mit dem nötigen Ernst.

»Und warum sind alle, die den Informatikkurs belegen, Buben?«

»Nicht alle. Im letzten Jahr waren zwei Mädels dabei. Die spielen jetzt Fußball.«

»Es gibt keine Mädchen, die etwas von Computern verstehen?«

»Doch, aber nicht so viele. Die meisten sind zufrieden, wenn das Handy lila ist und Snapchat drauf ist. Wenn sie irgendetwas brauchen, dann sagen sie: Kannst du mir mal …?«

»Kannst du mir was?«

»Spotify einrichten. Einen tollen Klingelton finden. Oder die Fußnoten einer Hausarbeit vom Seitenende ans Textende verschieben.«

»Und macht ihr das? Das kostet ja auch Zeit!«

»Kommt auf die Mädchen an. Man kann sie ja so ganz gut kennenlernen.«

Um die Wissenslücken zu schließen, wendet sich Schramm seiner eigenen Bibliothek zu, die wenige, aber grundlegende Bücher zum Thema enthält. Bald liest er sich fest in der Studie einer Amerikanerin, die die Genese moderner pornografischer Bilder in den Tuilerien verortet, wo Kupferstiche von Kopulationen im königlichen Schloss verkauft werden, dessen Gemäuer an den Park grenzen – kurz vor der Revolution. Das unzüchtige Bild ist entstanden als politische Satire, und tatsächlich wird dessen Geschichte im Westen interpretiert als Operation gegen die Autorität des Staates. Okay, denkt sich Schramm, aber hat der Staat aufgegeben?

Ein Rumäne, der in Bologna lehrt, untersucht – laut Klappentext im Jahr 1988 –»das pornographische Narrativ«. Exemplarisch beschreibt er ein amerikanisches Heft, dessen Bilder und Bildunterschriften klein und schwarzweiß als Fries über sechs Seiten des Buchs gezogen sind. Es klingelt ein junger Postbote an der Tür eines suburbanen Hauses, wo ihm die kaum oder soeben erwachsene Tochter fast unbekleidet öffnet. Ihre Eltern sind, wie der mitlaufende Text verrät, verreist. Im nächsten Bild, Wohnzimmer, sieht man eine dritte und vierte Figur, »Freunde«, Mann und Frau mitten im Akt auf einem geblümten Sofa, der nur unterbrochen wird, um den Postboten in das Geschehen einzubinden. Rätselhaft findet der Professor, dass die Bilderzählung nicht einen vollendeten Beischlaf zeigt, sondern darauf hinausläuft, dass die Männer sichtbar den Beweis abzuliefern hätten, den er »die Gabe« nennt. Der Grund müsse sein, »daß sich darin das Animationsmotiv mit dem Anwendermotiv kurzschließt«. Die anderen drei Geschichten desselben Hefts endeten genauso. Schramm ist amüsiert: Das immer gleiche Ende der Handlung demonstriert also dem Benutzer, was zu tun ist!

Das Offensichtliche der Handlung sei nicht mit Realismus zu verwechseln, denn Realismus brauche eine gewisse szenische Fülle, seelische Motivation und eine plausible Grenze zwischen Wunsch und Wirklichkeit. »Die moderne pornographische Erzählung ist bis zu einem gewissen Grad unwiderlegbar wirklich oder faktisch, was aber nicht zutrifft auf das Narrativ. Dieses wird absichtlich jenseits des Wahrscheinlichen angesiedelt, was gut zu erkennen ist an der intendierten und bisweilen sogar surrealen Komik, vor allem in der Bezeichnung der Geschlechtsorgane.«

Wo ist eigentlich die Handlung geblieben?, fragt sich

Schramm. Gibt es überhaupt noch Pornohefte, Filme, all das, oder hat Silicon Valley die Industrie dahinter ausgelöscht? Dann wäre die Pornografie der absolute Trendsetter der medialen Revolution. Oder ist die Revolution eine Konterrevolution? Wird darüber eigentlich geschrieben? Er nimmt den Laptop aus der Aktentasche, fährt das System hoch und überlegt, wie man Texte zur Pornografie finden kann, ohne bei Pornografie rauszukommen. Seine Idee: Er geht mit dem Suchwort ins Verzeichnis lieferbarer Bücher. Von der Trefferliste notiert er die Autoren, dann googelt er diese, jeden für sich, zusammen mit dem Begriff.

Stunden später ist er, wie er denkt, schon fast Experte. Der beste Aufsatz zum Thema stellt einen Zusammenhang her zwischen der Interaktivität des Netzes und der Aneignung sämtlicher Medien durch Laien. Das, was überall geschehe, passiere auch in der Pornografie: Selfies, spontane Kommentare, anonyme Kontaktaufnahme, amateurhafte Imitationen ehemals professioneller Genres. Die Grenze von Pornografie und Prostitution, von Voyeurismus und Teilhabe werde fortwährend überschritten und sei deshalb auch empirisch kaum noch zu ziehen. Aha!

Ist das inszeniert, fragt er sich, oder ist es wirklich so, dass sich junge Frauen in Badezimmern einschließen und im Spiegel fotografieren? Man sieht die albernen kleinen Telefone mit ihren Spionlinsen, von denen aus wahrscheinlich gepostet wird, bevor die Badezimmertür wieder aufgeschlossen ist. Er vergleicht die stehenden Bilder, die Fotos. Videos hat er bisher gemieden, aus einer Furcht heraus, für die er keinen Namen hat, aber ruft nun eines auf, das eine Frau auf einer Bettkante sitzend zeigt, ein Loop. Der dauert nur 27 Sekunden, aber andere Filme laufen fünf

Minuten, und bald hat Schramm die Zeit vergessen und sein Erkenntnisinteresse auch.

Es ist kurz vor halb zwölf, als er unten die Tür hört. Schramm klappt eilig den Laptop zu, steht vom Schreibtisch auf und betrachtet sich in einem zwei Meter hohen Spiegel, der so an der Wand montiert ist, dass man sich darin vom Bett aus nicht sehen kann. Er erkennt einen glubschäugigen, schwitzenden Mann, der ihm nicht gefällt. Er dreht den Schlüssel im Schloss so leise um, wie es geht, und begegnet dem Sohn im Halbdunkel auf der Treppe. Der hat ein schlechtes Gewissen, weil er nach elf nach Hause gekommen ist. Der Vater begrüßt ihn im Vorbeigehen so jovial wie irgend möglich.

* * *

Am dritten Mittwochmorgen wartet er auf den Anruf der Lehrerin. Dabei hat er nicht die leiseste Ahnung, was er ihr sagen soll. Oder doch. Er wird ihr sagen, er habe den Eindruck, die Bilder hätten bei Paolo nicht die geringsten Spuren hinterlassen. Was das Disziplinarische betreffe, würde er dafür plädieren, den größeren rechtlichen Rahmen mitzudenken, der eigentlich Jugendliche vor Pornografie schützen sollte – und nicht andersherum. Bei dieser Formulierung auf keinen Fall lachen. Das Telefon bleibt jedoch stumm. Um Viertel vor neun verschließt er die Wohnungstür.

Als er in die Arnpeckstraße einbiegt, kommt ihm Cornelia vom anderen Ende her entgegen, eine junge Frau, deren Geschmeidigkeit gemindert wird durch ein Zögern in ihrem Gang. Aber vielleicht ist ihr die Situation genauso wenig geheuer wie ihm selbst, und sie versucht zu vermeiden, dass sie sich an der Pforte zur Villa begegnen, was aber so kommen wird. Er hält ihr die schmiedeeiserne Tür auf und sagt, er habe eben gedacht, ein Frühlingsgemälde von Lenbach zu sehen in den typischen Münchner Farben, und sie wäre wie in 3D diesem Gemälde entstiegen. Sie lächelt, zum Glück.

Es bleibt ihr ein Vierteljahr bis zur Wiederholung des Staatsexamens, das sie bestehen muss, sofern sie Juristin werden will oder soll. Von dieser Frage, obwohl entscheidend, hat Schramm sich ferngehalten. Falls sie wieder durchfällt, kann man darüber in aller Ausführlichkeit sprechen. Stattdessen lässt er sie von ihrer Herkunft erzählen. Da gab es eine sehr ehrgeizige Mutter, die nicht mehr lebt, und einen nachgiebigen Vater, der auf einem kleinen Vermögen sitzt und schon immer alles verziehen hat. Ihre beiden älteren Schwestern haben das Studium abgebrochen und dann einen Mann geheiratet, der sie versorgt.

Er sieht bereits das Zentrum ihrer Seelenarbeit vor sich, eine Angst nicht vor dem Versagen – woran sie zur Zeit noch glaubt –, sondern die Angst vor dem Gelingen. Am besten wäre, wenn sie selbst darauf käme, idealerweise in einer Sitzung kurz vor der Prüfung. Noch nimmt sie Partei für den nachgiebigen und nachsichtigen Vater, ohne dabei zu erkennen, dass er das Gegenteil der Mutter repräsentiert und ihrem Herrschaftsanspruch in der Familie jede Menge Platz eingeräumt hat, sogar über ihren Tod hinaus. Auch jetzt arbeitet sie weiter am Portrait des Vaters, während sie den rechten Slipper abgestreift hat und den Fuß hochgezogen in das aufgebrochene Ei des Sessels. Der Analytiker schaut sie selten an – sie sehen meistens parallel zueinander in den Garten –, aber an diesem Mittwochmorgen nimmt er sie in den Blick, wie sie es sich bequem gemacht hat in ihrer rosa getönten Erinnerung, und dann hat er nicht gehört, was sie gesagt hat. Ein oder zwei Sätze sind verlorengegangen. Stattdessen hat er sie sich nackt vorgestellt, blitzartig, die ganze Gestalt, als wenn sie bei dreißig Grad nebeneinander im Englischen Garten campierten.

Der Sessel, der ist ja dänisch!, denkt er.

Sie hat aufgehört zu sprechen. Für diesen Fall hat ihm ein Kollege einen Trick empfohlen: Er macht sich stumm Notizen, was sie natürlich bemerkt. Eine Minute reicht. Tatsächlich gibt es nichts zwingend zu notieren, aber am Ende der Stille bittet er sie, die letzten Sätze noch einmal zu wiederholen, und schreibt sie mit. So glaubt die Patientin, es handele sich um einen Moment besonders intensiver Zuwendung. Es klappt, sie diktiert ihm, was sie zuletzt gesagt hat. Auch den anderen Slipper verloren, hockt sie in embryonaler Haltung im Sessel und genießt den Umstand, dass auch sie einmal schweigen darf.

Das sollte man nicht vergessen, sagt sich Schramm, während er durch die Innenstadt schreitet – sein Fahrrad hat er am Rand des Viktualienmarkts abgestellt –, »der sexuelle Körper ist nicht der nackte Körper«. Aber natürlich gibt es Übergänge – Tür oder Relais? Er hat in zwei Wochen so viele nackte Körper gesehen wie noch nie zuvor, fette und schmale, bleiche und dunkle, tätowierte und gepiercte, alte und junge, ganze und fragmentierte. Plötzlich fällt ihm ein, dass er im zweiten Semester Medizin auch den Aktzeichenkurs an der Kunstakademie belegt hat, um den menschlichen Körperbau zu verstehen. Er dachte damals nicht, dass er Seelenarzt werden würde. Und nun ist er der *shrink* aus der Vorstadt beim Wochenendeinkauf und wundert sich, wie gut er sich Anatomien vorstellen kann, von der ganzen Figur bis in die Details. All diese Leute haben sich nur verkleidet als Bürger, Verkehrsteilnehmer und Konsumenten, während sie in Wirklichkeit einem unglaublichen lüsternen Zirkus entsprungen sind. Das pornografische Narrativ.

»Wie löscht man noch mal Cookies?«, fragt er Paolo am frühen Samstagabend, daheim, während er die Einkäufe in den Kühlschrank räumt.

»Den Verlauf? Kann ich dir doch machen«, antwortet der.

»Nee, ich muss das auch selber können.« Schramm versucht, ganz unbefangen zu klingen. Paolo grinst, klebt auf den Esszimmertisch zwei große, gelbe Post-its und notiert rasch die Folge der Fenster beim Internet Explorer. Bevor er sie ihm geben kann, klingelt das Telefon, und während Paolo mit Mallorca spricht – erst jetzt wird der Mama die Geschichte des Wohnungseinbruchs erzählt: Nein, weggekommen ist nichts … –, nimmt Schramm die Post-its an sich und löscht in seinem Zimmer die Spuren vom Laptop, Websites mit Namen, die er sofort vergisst.

Detroit

Falk Blohm war ein geborener Pfadfinderführer gewesen,
so einer, der *La Paloma* am Lagerfeuer sang. Er hatte diesen
leicht nach oben gerichteten Blick und weit ausfahrende
Gliedmaßen und auch sonst alles, was bei Jungen gut ankam. Mit sicherem Instinkt wählte er die etwas Jüngeren,
denen er im Landschulheim als Zimmerältester vorstand.
Er brachte uns zeitig ins Bett und ließ uns dann bei Kerzen-
licht wieder aufstehen. Kein Leiter hätte jemals geschafft,
was Falk mühelos gelang: Zwei Minuten später hatten alle
die Hosen runter. Falk fasste jeden an, nur kurz, als wäre es
eine Segnung, und putzte später im Dunkeln den Boden,
während wir schon wieder in den Betten lagen. Das nannte
er Dienst an der Mannschaft. Kein Wort davon am nächsten Morgen, aber es loderte in unseren Köpfen weiter, das
Feuer der Neugier. Der Puls der Übertretung, die lupenhaf-
te Wirkung von sieben Augenpaaren.

Bei den Rotariern konnte er das nicht machen, das waren Kinder aus den Elbvororten, die hätten alles brühwarm
gestanden, am Nussbaumtisch mit Häkeldecke. Mich aber
hatte er für den Club vorgeschlagen, und er wusste, warum.
Er besaß einen Schlüssel zur Yacht seines Vaters. Da tauch-
ten wir einmal die Woche ab. Er zeigte mir die Techniken,
wie man einen anderen Mann anfasst, dass es Spaß macht
und nicht zu schnell geht. Hinterher tranken wir Balle
Rum aus der Flasche. Ich wurde stumm, und er erzählte

mir Geschichten aus *Der Herr der Ringe*. Als Nächstes kam seine Verschwörungsphase, Trotzki, Mata Hari, Kennedy. Schließlich hatte er es mit »den Wissenschaftlern«, einer Gruppe von Psychologen, wie ich zuerst dachte, oder doch eine Kirche, die von den Rocky Mountains aus gesteuert wurde; ich habe nicht mehr so genau hingehört. Was aber besser gewesen wäre.

Der »Austauschschüler« war nicht wörtlich zu nehmen. Die ganze Angelegenheit war erfunden worden, um jungen Leuten, die in Nazideutschland noch Kinder gewesen waren, lebensnah eine Demokratie zu zeigen. Wir stellten den fünfundzwanzigsten oder dreißigsten Jahrgang des Programms, das sich ausgewachsen hatte zu einer philanthropischen Firma. Wir wollten alle das, was bereits in den Antragsformularen stand und später, als wir genommen worden waren, im Wochenendseminar wiederholt wurde: andere Kulturen verstehen, neue Erfahrungen machen und so weiter. Auch ich hatte das gesagt, und wenn man sehr jung ist, sechzehn, und das Gesicht noch glatt, gehen einem Allgemeinplätze leicht über die Lippen. Man glaubt sie selbst, solange man sie braucht.

Das Seminar fand vor Ostern in einer Villa südlich der Elbe statt, die über der großen Straße in Richtung Cuxhaven thronte. Wir kamen alle aus Hamburg, aus Wandsbek und Barmbek und Eppendorf, das war nicht so wichtig, oder es verblasste gegen die Ziele unserer Reisen: Portland, Oregon; Allentown, Pennsylvania; Greene, Iowa. Es gab bereits Antwortbriefe von Familien, die freimütig über sich Auskunft gaben, über Zahl und Namen der Kinder, die Berufe der Eltern, die Konfession, die Marken ihrer Automobile. Ich selbst hatte von »meiner Familie«, wie es hieß, erst in der Woche zuvor erfahren und versicherte, ihr bereits geschrieben zu haben, nach Ardmore, Oklahoma. Der Brief lag angefangen auf meinem Schreibtisch zwischen Latein- und Mathematikaufgaben.

Die Sozialpädagogen bemühten sich, unsere Vorstellungen von den Vereinigten Staaten zu lockern bis zur Unkenntlichkeit, als seien sie ein weißer Fleck auf dem Globus. Sie waren Experten in Klischee und Vorurteil. Sie wollten uns glauben machen, die Erfahrung eines jeden werde unverwechselbar sein. Aber sie wirkten nervös. Niemand erwähnte Falk Blohm. Erst auf dem Rückweg, in der S-Bahn, kam der Name auf. Ich erinnere mich deutlich an das ratlose Lachen der anderen; aber da waren wir unter uns, eine lose Gruppe von Abenteurern, die sich von Neugraben bis zum Hauptbahnhof in Luft auflöste. Erst am Flughafen würden wir uns wiedersehen.

An einem Rotarierdonnerstag damals hatte Falk mich wissen lassen, er habe den Schlüssel für die Yacht verloren. Ich durchschaute ihn und war doch erleichtert. Es war also vorbei mit uns und unseren Heimlichkeiten. Im Herbst darauf, Nixon war weg, und Falk Blohm war erst recht weg, gab es nicht viele Bewerbungen für das Schülerjahr in Amerika, und sie nahmen so ziemlich alle. Mich, zum Beispiel, und Wilfred McGregor, Willie, der mit mir in der Auswahlrunde saß, wo ich ihn zum ersten Mal sah. Die Gruppen waren immer gewürfelt, um zu sehen, ob welche Klassendünkel hatten, nämlich die Kinder von westlich der Alster.

Willie und ich, wir mochten uns sofort. Es war Oktober, und die Elbe trieb tropfenförmig in die Stadt. Wir machten einen langen Spaziergang, und am selben Abend, unten im Portugiesenviertel, lernte ich seine Mama kennen. Man sah, wie schwer es ihr fallen würde, ihn für ein ganzes Jahr zu entbehren, und noch vor Weihnachten zog Willie seine Bewerbung für Amerika zurück.

Die Monate bis zum Abflug verbrachte ich ausschließlich mit ihm. Entweder waren wir im Ruderclub oder im Kino oder bei seiner Mama, die phantastisch kochte und gar nichts dagegen hatte, dass ich »bei Willie« schlief. Es konnte ihr nicht entgangen sein, wie traurig und verloren er gewesen war, bevor er mich kannte, und wie aufgeräumt und tüchtig, seitdem wir zusammen waren. Ich half ihm in Englisch, ein Witz, denn schließlich war Willie halber Amerikaner, zartbraun mit dunkler Krause. Seinen Vater gab es nur auf einem schwarzweißen Bild, sehr ernst mit weißem Kragen, das ätherische, schmale Gesicht, wie es Athleten haben. Willie war rund und sanft, im Vergleich, aber mit starken Armen und stählernen Waden, der Motor unseres Vierers.

Was das Rudern betraf, kam ich zur rechten Zeit. Willies Boot hatte gerade seinen Steuermann eingebüßt, einen ehrgeizigen Jungen namens Jochen, der das Team zwar antrieb, aber es fehlte das rechte Timing im Spurt. Die Ruderer fanden, dass niemand es jemals können würde wie Blomsky. Die Schwärmerei für den Vorgänger ging Jochen auf die Nerven, und als er aufgab, sprang auch Mecki ab, ein zäher Stiller, und das wurde mein Platz im Vierer, jetzt ohne Steuermann und bald auch wieder im Wettkampf.

Es brauchte eine Weile, bis ich begriff, wer mit Blomsky gemeint war. Das war Falk Blohm, Spross einer Hamburger Kaufmannsfamilie, der in Amerika verschollen war, von einem auf den anderen Tag verschwunden mit siebzehn Jahren. Willie hatte nur zwei Monate mit ihm gerudert und den Steuermann bewundert: Er glaube, der sei eine Art Genie. Sei oder sei gewesen? »Er ist!«, rief er. »Einer wie

Blomsky würde sich niemals umlegen lassen!« Er habe das sichere Gefühl, Falk Blohm lebe irgendwo in Amerika unter anderem Namen, und das sei dort normal. Wie ich wahrscheinlich wisse, gebe es in den Staaten keine Meldepflicht.

Es gab den Tag, an dem ich meiner Mutter sagte, ich würde nicht nach Amerika fahren wollen. Es gab einen Tag, an dem ich Willie mitbrachte an den Klosterstern und meine Mutter später sagte, dass er »aber wirklich ein hübscher Kerl« sei. Und ich war so dumm zu sagen: »Na klar«. Jedenfalls antwortete sie, davor oder danach, das weiß ich nicht mehr, dass ich mich nun einmal entschlossen hätte, nach Amerika zu gehen, und dass es nicht möglich sei, ein solches Vorhaben abzusagen. Als sie das aussprach, war es, als würde in meinem Kopf ein Licht eingeschaltet. Da wusste ich, dass ich Blomsky zurückholen wollte; dass ich Falk Blohm aufspüren würde in Utah. Ich würde ihn rausquatschen aus dieser Sekte und ihn zurückbringen nach Hamburg. Ohne die *Bild*-Zeitung, die sein Verschwinden tagelang herumposaunt hatte. Das würde ich nur für uns tun, für Willie und für mich. Und für den Vierer.

Wir flogen mittags von Fuhlsbüttel direkt nach Detroit, wo wir am frühen Abend landeten. Es waren hundertfünfzig norddeutsche Schüler an Bord, und ich sprach mit keinem. Von meinem Fensterplatz aus wunderte ich mich über die vielen Seen oder Teiche, bis ich erkannte, dass es Swimmingpools in den Vororten waren, für jedes Haus einen. Ich blieb im Flugzeug sitzen bis zuletzt und sah dem Mann zu, der meinen kunstledernen, tannengrünen Koffer verlud. Den hatte mir meine Mutter eine Woche zuvor in den Alsterarkaden gekauft, das Boardcase in der gleichen Farbe dazu. Schade um den Koffer, eigentlich. Ich würde ihn für meine Reise nicht brauchen können.

Schüler, die einen Anschluss hatten, flogen noch am selben Abend weiter: Seattle, Houston, Los Angeles oder in umgekehrter Richtung Atlanta und Boston. Ein Dutzend von uns blieben am Flughafen zurück. Wir bekamen jeder ein Zimmer und einen Gutschein für das Restaurant.

Ich öffnete den Koffer und das Boardcase auf dem riesigen Bett und packte in den kleineren Behälter alles, was ich vielleicht würde brauchen können, ein zweites Paar Schuhe, eine gelbe Öljacke, eine Kamera, ein Buch. Was fehlte, war ein Schlafsack. Vielleicht hatte man Glück, und die Fahrer nahmen Anhalter mit nach Hause, wie die Schweden. Das hatte Falk Blohm mir erzählt.

Die Lobby des Flughafenhotels schimmerte in Holz, Messing und Leder. Draußen, vor den automatischen Glastüren, war der Halbkreis einer Auffahrt grell erleuchtet. Livrierte Schwarze öffneten die Türen von Limousinen mit verdunkelten Scheiben. Ehefrauen setzten Ehemänner ab, die mit schweren, kastigen Aktentaschen im Hotel abtauchten. Die Autos waren erwartungsgemäß riesig, mit gewaltigen, blubbernden Motoren. Manchen Limousinen war ein vielschichtiges Säuseln eigen, beim Halt übertönt vom Heulen einer Ventilation. Kombis waren lang genug, dass man bequem drin hätte schlafen können, zu zweit und zu dritt sogar. Ein bestimmter Wagentyp war seitlich mit Holz verkleidet oder einem Kunststoff, der so aussah. Ein kleines, rundes Auto hatte nur gebogene Fenster, als umschlösse die Karosserie einen gläsernen Ballon. Kofferraumhauben öffneten sich automatisch wie gähnende Mäuler. Die Motoren wurden nicht abgeschaltet, während die Autos hielten, und sie setzten sich wieder in Bewegung, als würden sie aus der Ferne magnetisch gezogen.

Auf den ersten Metern des Halbkreises, wo die Beleuchtung nur noch indirekt ankam, war eine schwarze Bank aufgestellt, unter die ich mein Boardcase geschoben hatte. So konnte ich jedes Fahrzeug in den Blick nehmen, das sich in die Auffahrt schob. Manche hatten vorn kein Nummernschild, aber spätestens wenn sie an mir vorbei waren, konnte ich lesen, woher sie kamen, aus Ohio, Indiana. Die meisten aus Michigan, einige aus Ontario jenseits der Grenze. Man sah keine Abgasfahnen am Auspuff, aber es bildeten sich bläuliche Nebel. Ich schnupperte die Luft wie Hoffnung. Ein Fahrer mit langen Haaren rief mir zu, »Äh Oh-ing«, und ich spannte die Beine an, um aufzustehen, dann rief er noch einmal, aber ich fühlte die Blicke des Livrierten auf mir und zögerte, verstand auch erst, als er schulterzuckend eingestiegen und mit einem Klötern in der Vorderachse davongefahren war, dass er »Where are you going?« gerufen hatte, die wichtigste Frage meines Lebens und die einzige in dieser Nacht im August.

Da saß ich einige Stunden und überlegte, wie man in Utah Blomsky finden könnte, oder eher in Los Angeles, Scientologen sind schließlich keine Mormonen. Solche Sachen hatte ich mir in der Woche vor dem Abflug in der Staatsbibliothek angelesen. Ich fragte mich, was länger dauern würde, Falk Blohm aufzutreiben oder ein Jahr in Ardmore abzusitzen, wo mein Gastvater als Einkäufer für Lebensmittel im Gefängnis arbeitete. Er hatte eine gut gepolsterte Frau mit Locken wie ein englischer Hund und zwei blonde Töchter unter einem stahlblauen Himmel; so viel wusste ich von farbigen Fotos.

Wie auch immer, ich war von Willie fortgeflogen, und je länger ich das Parfüm Detroits einsog, desto weniger konnte ich mich erinnern, was mich hierher gebracht hatte. Ich fühlte mich ausgesetzt in der Mitte Amerikas, eine Bestellung, deren Auslieferung sinnlos geworden war. Bei Beginn der Dämmerung nahm ich das tannengrüne Köfferchen und legte mich, ohne das Restgepäck abzuräumen, in das riesige Bett, in dem ich traumlos versank. Als das Telefon klingelte, hob ich nicht ab, sondern stolperte ins Bad, wo ich mich übergab.

Am Valhallaväg

Obwohl sie nebeneinandersaßen, waren ihre Oberkörper so zueinander gewandt, dass die Münder sich genau trafen. Der Junge mit der aufgeplusterten Jacke und dem Rucksack neben sich, der hundebraune Schopf zerzaust, ein Kind, während das Mädchen mit den glatten, blonden Haaren und dem schwarzen Rolli schon die Gestalt der jungen Frau angenommen hatte. Ich hatte wenig Gelegenheit, ihre Gesichter zu sehen, weil sie sich minutenlang küssten, dann lösten, aber nur kurz, wobei dem Mädchen ein verliebtes Staunen ins Gesicht geschrieben war, während der Junge seine Bewegtheit nicht preisgab, sondern wie ein großer Verführer die Augenbrauen hob und senkte. Er hatte einen schmalen Kopf, die Brauen aufsteigend, wie mit Kohle gezeichnet, ein komisches Talent. Ihr Gesicht glänzte. Man sah das zu frühe Aufstehen und die Bahnfahrt und die Mathematikstunde in einem zu warmen Klassenzimmer; aber das war es nicht, was der Junge sah. Ihr Mund war leuchtend rot, die zwei Bögen der Oberlippe sich unvermittelt treffend. Dann saßen die Münder schon wieder aufeinander, wobei ihre rechte Hand unter seiner Jacke verschwand, reglos, während seine linke mal ihre Seite streichelte und dann auf ihrem Schenkel zu ruhen kam, wobei ihre Jeans trotz der Kälte mehrfach aufgeschnitten waren, aber der Junge berührte die nackten Stellen nicht. Vielleicht waren es gar nicht die Dauer und die Intensität ihrer Küsse, die mir so merkwürdig vorkamen, dass ich schon zu glauben begann, es sei einmalig, sondern die Vorsicht oder Sittsamkeit der Berührungen im Vergleich, so als hätte jemand in ein Revolutionsgemälde ein Blumenstillleben montiert. Jedenfalls konnte ich oder wollte ich die Augen von dem Paar nicht lassen, was insofern nicht weiter schwierig war, als die beiden offensichtlich glaubten, allein auf der Welt zu sein, kein Schielen nach außen, nichts, ihre Blicke in seinen Augen ruhend und seine in ihren, bis das Küssen wieder begann.

Das Café war altertümlich geblieben, die Sitzbänke dezent gestreift, das Licht funzelig, zwei Dutzend Töpfe mit Grünpflanzen über drei Abschnitte verteilt, aber es war tagsüber Selbstbedienung eingeführt. Man zahlte vorn am Tresen und bekam dann ein Tablett, das man, wenn man ging, stehen ließ, und wie immer, wenn ich dort war – obwohl es nur alle paar Jahre vorkam – nahm ich das Tablett und mein eigenes Exemplar von *Dagens Nyheter* mit nach hinten zur allerletzten Bank, die in eine Nische eingerückt war, eine Art Laube, nur dass an diesem frühen Nachmittag im Januar, es war noch nicht dunkel in Stockholm, das Liebespaar dort saß, ich also eine andere Bank wählen musste, und ich nahm die, von der aus ich die beiden aus der Nähe sehen konnte, in der Tat sogar ziemlich vollständig sehen konnte hinter ihrem Tisch, den sie weggerückt hatten. Ihr Tee in den chinesischen Tassen wurde kalt. Sehr bald war klar, dass ich keine Zeitung brauchte, um Detektiv zu spielen, und während ihre Münder für die nächste Einheit, die drei Minuten mindestens dauern würde, vielleicht auch fünf, sich wieder fanden, konzentrierte ich mich auf die tiefsitzenden, kompliziert genähten Hosen des Jungen, in denen sich, nach menschlichem Ermessen, seine Versteifung zeigen musste, sofern er Linksträger war, denn die rechte Seite konnte ich nicht einsehen, die war dem Mädchen zugewandt. Und tatsächlich war es so, dass die Falten im Taschenbereich sich irgendwie neu ordneten und dann die Zeichnung unter dem Stoff erschien, ihn spannte, so waren wir schon zu zweit, denn ich spannte ja auch.

Diesen Scherz, übrigens, hätte Stig Göstasson verstanden. Er sprach ein reiches Deutsch. Er konnte Heinegedichte auswendig, was allerdings bei seiner griechischen Ehefrau und den Töchtern damals nicht als Tugend galt. Er muss froh gewesen sein, als er eine Gruppe deutscher Gymnasiasten an sich binden konnte, die er mit kostenlosen Operntickets von Ericsson geködert hatte. Unter den Schülern war Konsens, dass Göstasson ein bisschen merkwürdig, wenn nicht sogar verrückt war. Er lud uns nach der Oper immer zum Griechen ein. Dort sang er dann Arien aus der *Zauberflöte* vor. Am Ende der zweiten Opernsaison ließ das Interesse nach, und ich fand mich mit ihm allein – der Anfang unserer Freundschaft, die nun Geschichte geworden war.

Dass ich sein Freund wurde, hatte damit zu tun, dass ich ihn nicht für verrückt hielt. Mir schien eher, dass er etwas hatte, was anderen fehlte. Er hatte Zugang zu einem Zeitkanal, in dem, wenn man mit ihm reiste, Benn und Kleist lebendig auftauchten. Er war ein Medium; ließ man ihn gewähren – es gab nicht wirklich Alternativen –, saßen plötzlich Mozart und Schikaneder mit am Tisch. Es stimmt, dass er in seiner Verehrung des Deutschen umgekehrt Bewunderung suchte. Meine hatte er allemal, auch wenn ich ihm die Richtigkeit seiner Zitate nicht bestätigen konnte. Woher sollte ich mit fünfzehn wissen, welche Zeile von Kleist, welche von Brecht war? Stig aber war angetan von meinen weit geöffneten Augen, etwas zwischen Neugier und Schrecken, und reihte mich ein in den Opernclub, dessen Mitglieder er aus seinem Volksbildungskurs »Oper seit 1642« rekrutierte, der Ersatz für die verlorengegangenen Gymnasiasten, die er »Diplomatenkindertrottel« nannte; ich widersprach ihm da nicht. Bei Ericsson war er aus der Abteilung Bildung aufgerückt in die Abteilung Unternehmenskultur, was er so darstellte, als wenn die Vorstandsvorsitzenden, die mit der weltweiten Perfektionierung von Telefonnetzen beschäftigt waren, ihn täglich um philosophischen Rat bäten. Auf jeden Fall schrieb er das Nachwort für den Jahresgeschäftsbericht.

Die Wohnung lag nicht weit von der Deutschen Schule, zweimal um die Ecke vom Karlaplan in einer versteckten Wohnstraße, lieblich, aber auch ärmlich, damals. Man musste durch das Vorderhaus gehen: fünf Stufen hoch, an der Vorderhaustreppe vorbei und dann wieder abwärts, um durch eine hohe, schmale Tür in den Hof zu gelangen; der Zugang zum Seitenflügel dann niedriger, und rechts dazu versetzt eine Kohlenschütte. Es war ein gestutzter Gebäudeflügel, nicht mehr als vier enge Wohnungen übereinander, jede mit einem Wohnzimmer und einem kleineren Schlafzimmer, einer Küche mit schweren Gerätschaften; ein quadratisches und nahezu lichtloses Bad mit Wanne, diese frei auf kupfernen Füßen stehend. Das Linoleum in der Schlafkammer war glanzlos und brüchig, der Parkettboden im Wohnzimmer stöhnte bei jedem Schritt, und die Fenster, Jahrzehnte nicht mehr gestrichen, drohten beim Öffnen auseinanderzufallen.

Die Farben dieses Wohnzimmers waren sonnenblumengelb, schmuddelgelb, farngrün, moosgrün, silbergrau, blassrot, die Möbelhölzer honiggelb und kastanienbraun. Ein Sofa, das nachgab wie eine Luftmatratze im Wasser;

eine ockerberockte Stehlampe, deren zwei Glühbirnen nur mit Kunstgriffen zum Leuchten zu bringen waren; stockfleckige Tapeten: Hier war seine Mutter »an Stalins Todestag« – denn Stig war glühender Antikommunist – eingezogen. Dort hatte sie mit Bibel, Hans Christian Andersen und einer Musiktruhe zwanzig »gute Jahre gehabt«, umhegt von Stig, ihrem einzigen Kind, ein gut im Fleische stehender Mann im Nadelstreifenanzug mit dezenter Krawatte, denn er kam von Ericsson, wenn er sie besuchte, und als sein Haar begann, schütter zu werden, starb sie still und ohne Aufhebens und hinterließ alles, wie es gewesen war, inklusive Eisenbett und Kohleherd. Stig hatte die Wohnung inzwischen gekauft.

Während ich den Mazarin aß und in *Dagens Nyheter* die riesige Traueranzeige für Stig Göstasson entdeckte, waren der Junge mit dem Rucksack und das Mädchen im Rollkragenpullover in der sechsten Einheit angekommen, wobei sie nicht dem Begehren nachgaben, nicht über die Unablässigkeit des Küssens hinaus. Sie mochten beide sechzehn sein. Die Unterschiedlichkeit ihrer Erscheinung, weil sie nicht zählte, schien mir den Ernst der Angelegenheit zu bestätigen. Sie waren reif wie Äpfel – ach wo, was für ein Bild, nicht operntauglich –, sie standen voller Erwartung vor einer blattgoldverzierten Tür, hoffend, dass sie sich öffnen würde von magischer Hand. Streicher in mittleren Lagen, keine Bläser, noch nicht. Erst als ich aufstand, hörte ich sie leise sprechen; sie waren selbst dabei, ihre Sachen zu raffen. Ich verstand nichts wörtlich, aber die Satzmelodie, die Konsonanten verrieten sie als Deutsche. Wenn ein wüster Gedanke in mir Platz gegriffen hatte in den vergangenen zwanzig Minuten – wie man manchmal die Handlung eines Films, der einen berührt, durch Wünschen zu beeinflussen versucht –, so war mir wohl bewusst, dass es diesen Augenblick nur einmal geben würde. Ich beugte mich über ihren Tisch und sagte halblaut, aber laut genug, so dass ich mich nicht würde wiederholen müssen, »Braucht ihr grad eine Wohnung für euch allein?«

Die Tunnelbahn schoss westlich aus der Stadt heraus, aber am Brommaplan musste ich lange auf den Bus warten. Die Glocken läuteten schon, als ich eintraf, und natürlich hatte niemand für mich reserviert: Ich war nicht Familie, Politik, Ericsson – nur irgendein Arzt aus Deutschland. Auf der Empore, restlos besetzt wie das Kirchenschiff, drückte ich mich stehend neben die Apparatur des Organisten. Ich konnte kaum atmen, ohne dass mein Mantel die Locken der Grauhaarigen in der letzten Stuhlreihe berührte. Als der Orgelspieler, sein Profil vor dem mattsilbernen Reflex eines Fensters, zu spielen begann, bebte die hölzerne Wand, an der ich lehnte.

In dem Moment fiel mir die knochige, strohblonde Schweizerin ein. Ich hatte Jahre nicht an sie gedacht; Heidi, Hella, Helga, nicht einmal der Name war sofort da, aber das Bild ihrer listigen Augen, wie sich ihre Alabasterhaut anfühlte und der süße Geruch ihrer Achseln. Sie war einige Monate älter gewesen, Tochter eines Ingenieurs, zwei Jahre zuvor im Kongo, ein Jahr davor in Südafrika, jetzt bei einer Tante in Stockholm geparkt; von betörender Ruhe, diese Schweizer Art, in Alexandrinern zu sprechen. Ich hatte das gespürt, ihre langsam kochende Wut auf den Vater und noch größer die Furcht vor einer Trennung der Eltern. Sie hatte ihre Jungfernschaft, wie sie sagte, »davongeworfen«, weil sonst Männer, »wenn eine die Augen niederschlägt, an das Häutchen denken«. Nichts hätte mir besser gefallen, als sie durch die königliche Oper zu entflammen, aber sie war irgendwie indoktriniert, sie wollte »keine Geschenke von den Ericssons«. Aber ins Royal, um Bergmans Verfilmung der *Zauberflöte* zu sehen, das ging. Ich starrte sie mit offenem Mund an, während sie um Pamina Krokodilstränen vergoss. Ohne zu mir hinzusehen, langte sie mit der langen, trockenen Hand nach mir und schloss mir die Gosch. Das war Helga.

Der Junge im Café hatte das Mädchen fragend angesehen. Das Mädchen schaute mir prüfend in die Augen. Der Junge drehte den Kopf zu mir und fragte mit seinem Schelmengesicht:

»Und wo?«

»In der Tystagatan«, antwortete ich.

»Für uns allein?«, fragte das Mädchen.

»Ich bin heute Nachmittag auf einer Beerdigung«, sagte ich, mit der Sachlichkeit des Mediziners.

»Tut mir leid«, sagte der Junge.

»Okay«, sagte das Mädchen. Der Junge glotzte sie an wie ein Weltwunder. »Okay«, sagte es noch einmal, aber da hatte ich mich schon abgewandt, um vorauszugehen. Kurios war der Fußweg mit dem ungleichen Paar im Schlepptau; sie flüsterten im Wohnzimmer, während ich mich im Bad umzog, und als ich im Rahmen der Tür stand, ganz in Schwarz und Weiß, lachten wir alle drei.

Vom obersten Platz der Empore konnte ich den Eichensarg sehen, umstellt von prächtigen und weniger prächtigen Kränzen – meinen, falls er geliefert worden war, konnte ich nicht ausmachen. Stig Göstasson wurde gepriesen als Freund der Wirtschaft, Förderer der Oper, engagierter Abendschullehrer und treusorgender Großvater. Die Verstärkeranlage, ihr metallischer Hall, versprühte einen Hauch von Jenseits.

Helga war es »zum Sterben peinlich« gewesen, als wir bei den Göstassons zum Tee eingeladen waren, die bilderbuchhaften halbgriechischen Töchter, Sofia und Karla, ein mit künstlicher Lichterkette erleuchteter Baum – Ende Januar –, eine Ehefrau wie ein Reh, die uns Kakao servierte, als wären wir Kinder. Das Ganze im weißen, kubischen Holzhaus über einem abfallenden Garten, in dem ein Fels glänzte, viele tausend Jahre zuvor dort zum Liegen gekommen. Wir, als junge Mitglieder des Opernklubs avisiert, blieben abgelenkt und verstockt, weil wir nur daran dachten, ob und wann und wie uns Stig den Schlüssel zur Wohnung seiner Mutter geben würde, was er erst tat, als wir uns verabschiedeten. Sein Haus hatte keinen Flur, die schwere Haustür mit dem runden Guckloch führte direkt ins große Wohnzimmer, das mit dem Esszimmer und sogar mit der Treppe nach oben ohne Türen verbunden war, und dort, während die kleinen Töchter drum herum standen, ahnungslos, ließ Stig die Schlüssel aus seiner Filzjacke steigen, dieselben Schlüssel, die jetzt in meiner Hosentasche ruhten, auf der Empore, und meine Erinnerung an Helga schüttelte mich durch und durch. Oder die Vibration der Orgel.

Ich war dann, als Bittsteller, noch einige Male allein nach Bromma hinausgefahren, bis Stig mir die Schlüssel »für den Winter«, später »als treue Leihgabe«, dann »für immer« überließ. Wenn ich aus Deutschland anreiste, rief ich ihn vorher an; aber die Schlüssel blieben am selben Bund wie der Frankfurter Wohnungsschlüssel und die Chipkarte der Klinik. Über die Jahrzehnte wuchs die Sammlung der Opernplatten, das Einzige, was sich in der Hinterhofbehausung veränderte, und mir schien, dass Stig diesen Ort nur mit mir teilte. Dieses Mal hatte ich niemanden gefragt,

ich war einfach angeflogen gekommen, war in die kalte
Wohnung gegangen, hatte die Heizkörper aufgedreht, die
böllerten, und später tief geschlafen.

Ich habe mich darum gedrückt, Sofia oder Karla Beileid
zu wünschen. Ich habe mir diese gewaltige Versammlung
schwarzgekleideter Leute angesehen, die alle glaubten,
Stig gekannt zu haben. Alle diese Leute in Pulks und in
Ketten, auf den geräumten Wegen, auf den verschneiten
Wegen, wie die Kraken eines Tieres, sich in Richtung Grab
zu einem Körper verdichtend. Über das Bild des Tieres legte sich das Bild der jungen Liebenden in der honiggelben
Wohnung.

Ich nahm den Bus zurück und die Tunnelbahn, stieg
schon am Östermalmstorg aus, ging sehr langsam durch
die vertraute Gegend und öffnete die schmale Tür zum
Hinterhof vorsichtig, um zu sehen, ob in der Wohnung
von Stigs Mutter Licht brannte. Es war dunkel, ein Fenster
etwas geöffnet, und wie sich zeigte, als ich oben war, hatte
eine der kleinen, alten Glasscheiben einen Riss bekommen.
Auf dem Wohnzimmertisch lag ein flüchtig gekrakelter
Dank, unlesbar die Namen. Im Schummer des Bades saß
in der Wanne ein großer Schneeballen – nein, es war ein
abgelegtes Laken.

Es dauerte eine Weile, bis ich das Rauschen hörte und
das regelmäßig wiederkehrende Knacken. Der Tonarm war
in der Endrille hängen geblieben. Ich setzte ihn zurück, die
Schallplatte stoppte, ich drückte auf Start, der Arm raste
auf Anfang, knallte herunter, und schwedische Knaben
sangen aus dem dröhnenden Bauch der Truhe: »Zum Ziele
führt dich diese Bahn, doch musst du, Jüngling, männlich
siegen. Drum höre unsre Lehre an: Sei standhaft, duldsam
und verschwiegen!« Ich ließ mich auf das alte Sofa fallen

und in die Musik. Und erst jetzt Tränen um Stig. Als ich meine Sachen packte, bemerkte ich, dass die Nadel sich wieder in der Endrille drehte. Ich ließ sie da. Die Wohnungsschlüssel nahm ich vom Frankfurter Bund, legte sie auf die Notiz der Liebenden, zog die Tür hinter mir zu und stoppte das nächste Volvotaxi am Valhallaväg.

Anton Wilhelm

Weiberabend, wir hatten uns in einer Kneipe in Eimsbüttel in Rage geredet und uns auf den Telefonen Liebhaber und Bekanntschaften von früher gezeigt. Zu wenig gegessen, weil wir ja alle auf uns achten, aber zu viel getrunken dabei, eine dritte Flasche Sekt stand auf dem Tisch, und wir waren nur zu viert. Machten das eigentlich alle, oder hatten wir das Spiel soeben erfunden? Man nannte den Namen – ich sagte Anton Wilhelm –, und dann suchte ich nach einem Bild von ihm, aber die anderen suchten natürlich auch. Wir zeigten die Bilder herum, und dann musste eine von uns die Geschichte dazu liefern, da gab es kein Erbarmen, das wollten alle genau wissen: Was war das für einer? Wie lange wart ihr zusammen? Warum ist es schiefgegangen? Es gab viel Gekreisch. Leute guckten feindselig von den Nebentischen herüber, so war das in Eimsbüttel. Laute Frauen und neue Medien, es würde mindestens zwanzig Jahre brauchen, bis sich das durchsetzte.

In Strafprozessen ist oft von einem »Vorleben« die Rede, und auch ich hatte so etwas. Es hängt etwas Unangenehmes an dem Wort, es meint ein Leben, das bislang unsichtbar geblieben ist; deshalb der Begriff. Die Freundin hielt mir das iPad mit dem Bild entgegen, ziemlich groß, und indem sie es um neunzig Grad drehte, wurde es noch größer: »Anton Wilhelm und zwei weitere Aktivisten stören den Presserundgang der Grünen Woche in Berlin.« Es war ein

Video auf YouTube. Das war ganz er: schmal und groß, mit einem knochigen Gesicht, das die Augen größer erscheinen ließ. »Ja«, rief ich, »das ist er«, und weil er sich gar nicht verändert hatte, fiel es mir leicht, mich zu erinnern. Aber ich war naiv. Ich dachte, das Bild wäre neu. Tatsächlich war es mehr als fünf Jahre alt. Was ich erst merkte, als ich ziemlich angeduselt nach Hause kam und Zeit zum Googeln hatte. Was hatte man eigentlich vor dem Internet gemacht, wenn man an die von früher dachte?

Das Resultat war eindeutig: Anton war seit jener Grünen Woche verschwunden, jedenfalls vom Radar des Internets. Keine Spur mehr von seinem Namen im Register von Vier Pfoten. Was man ja darf, ohne Frage, man kann emigrieren oder heiraten, seinen Namen ändern, seinen Beruf. Und doch, ich war so erschrocken, ich suchte ihn bundesweit im Telefonbuch und sogar auf Wikipedia, vergebens, dann gab ich »Anton Wilhelm gestorben« ein und Ähnliches. Aber da war nichts. Betrunken und verwirrt ging ich schlafen.

Uns Juristen sagt man gewisse Charakterschwächen nach, zu eng zu sein, zu beharrlich und nicht unbedingt poetisch. Es stimmt, dass diese Berufswahl einen stärker prägt als andere. Vielleicht kann man als Bauingenieur am Abend Ganz-der-Klaus oder So-was-von-niedlich-der-Tobi sein. Ein Jurist bleibt immer ein Jurist, bis zu einem gewissen Grad. Was das Reden und das Schweigen betrifft.

Anton und ich waren Antipoden in jeder Weise. Wir hatten uns an der Mietwagenstation kennengelernt. Das Auto, das ich vorbestellt hatte, war nicht da, weil jemand seinen Vertrag drei Stunden überzogen hatte. Dann kam er, glühend, gehetzt, in Tarnkleidung, mit einer schwarzen Tasche. Aber er hatte etwas vergessen. Stellte sich heraus, da lag ein Bolzenschneider von einem halben Meter Länge im Kofferraum. »Sind Sie kriminell?«, fragte ich. »Ach Quatsch«, sagte er. »Wir kommen zwar im Dunkeln, aber jede Aktion wird haarklein dokumentiert.« »Das spricht nicht unbedingt dagegen«, sagte ich, ohne eine Ahnung, was er andeuten wollte. Sixt war ziemlich weit im Osten, und ich nahm ihn dann mit in die Stadt zurück. Er hatte den Beifahrersitz ganz weit zurückgefahren, vor sich die schwarze Tasche, in der nun der Bolzenschneider verstaut war.

»Wogegen spricht das nicht?«, fragte er plötzlich zwischen Hauptbahnhof und Alster.

»Dass Sie kriminell sind«, sagte ich.

Er hatte in der Nacht Putenställe bei Cloppenburg besichtigt, mit einem Fotografen und einem Schreiber. Mit dem Schreiben hatte er es anfangs selbst probiert, aber es wollte nicht klappen. Erstens, sagten die Kollegen, fange er seine Geschichten von hinten an und zweitens wimmele es vor Fehlern, das sei für kontroverse PR absolut tödlich. Deshalb war er Rechercheur geworden, ein Späher, der sich weit, weit vorwagte, und wenn er erwischt worden, einfach schneller gewesen wäre, schlauer auch, das Auto an der richtigen Stelle geparkt, die Haare unter einen Hut gezwängt, falscher Schnurrbart, »als Spießbürger im Opel Astra unterwegs auf der A1«. Das Scouting machte er allein. Der eigentliche Dokumentationsbesuch erfolgte zwei oder drei Wochen später. Und er war der Mann mit dem Werkzeug. Ich gab ihm meine Visitenkarte. Wenn es doch mal schiefgehen sollte, könne er mich anrufen. Stattdessen schickte er mir Bilder von Puten in Käfigen.

Einige Wochen später wurde er festgesetzt. Die Züchter wussten gewiss, wen sie da vor sich hatten, aber sie behaupteten gegenüber der Polizei, dieser Mann sei beim Stehlen von Tieren beobachtet worden. Ich hörte davon nach einem langen Tag vor dem Hamburger Landgericht, brauchte eine halbe Stunde, um das Mietauto zu bekommen, anderthalb Stunden bis Cloppenburg und dann viel Geduld. Nach einer Anhörung beim Amtsrichter kurz vor Mitternacht war Anton Wilhelm ein freier Mann. Völlig übermüdet steuerte ich eine Wellness-Oase mit Motel am Heiderand an. So ging das los.

Während er in seiner Kleidung zu dünn aussah, war er tatsächlich ein Muskelmann, ein Läufertyp, der aber auch Gewichte hob, physische Präzision sein Markenzeichen. Er war so genau, er konnte eine Wassermelone mit einem großen, glatten Messer teilen, so dass der Gewichtsunterschied nicht mehr als zwanzig Gramm betrug. Darauf nahm er sogar Wetten an. An einem Wochenende folgte ich ihm zu einem Tierheim, wo er freiwillig Zeit verbrachte. Es war unübersehbar, dass die großen Hunde ihn als ebenbürtig betrachteten.

Merkwürdigerweise hatte er zu Hause keine Tiere, dafür aber meterweise Aktenordner mit furchterregenden Tierbildern. Die meisten wurden unwürdig gehalten, Nerze und Füchse; hatten sich auf Transporten die Beine gebrochen, Kühe und Pferde; wurden brutal getötet, wie Robben; gar nicht zu reden von den Affen in Forschungslabors mit ihren geöffneten Schädeln. Ich versuchte ihn zu überreden, mir das nicht zu zeigen – nicht ungefragt –, aber musste ihm drohen, bis er verstand. Er hatte anfangs geglaubt, wenn man ihm nah sei, dann sei man Teil seiner Sache, seiner großen Mission. Nur mit Mühe gewöhnte er sich daran, dass ich keine Emotionalität entwickelte, und vielleicht kam sogar eine Ahnung in ihm auf, dass ich sein Schutz war, die stabile Verbindung zu einer Welt, die nicht aus Guten und Bösen bestand. Ich hatte auch seine Verteidigung vor dem Amtsgericht in Cloppenburg übernommen. »Sieh mal, wie wir die Sache gewinnen werden. Indem wir die Leute, die dich beschuldigen, widerlegen. Nicht, indem wir dem Richter erzählen, wie es in den Ställen aussieht. Denn der wohnt doch nebendran. Das weiß der selbst. Vielleicht gehört dessen Bruder so ein Ding.«

Anton war vierundzwanzig und ich drei Jahre älter. Nein, er war nicht mein erster Fall, aber es war mein erstes Jahr bei Voß Schneider, und bevor klar war, was meine Spezialisierung sein würde, durfte ich alles annehmen, was reinkam. »Umweltschutz ist gut für unser Profil, aber wenn das nicht eine wirklich große Organisation ist wie Greenpeace oder PETA, dann ist auch nicht viel zu holen.« Es war dieses Gerede, was mich an meiner Bestimmung zweifeln ließ, unter Anzugträgern in einer Kanzlei mit Wasserblick die Hälfte von vierundzwanzig Stunden zu verbringen. Alle hatten komplexe Fälle, Berge von Papier – es war damals noch hauptsächlich Papier – und Termine, Termine. Voß hatte bei mir einen Stapel von Gutachten abgeladen, die sich mit Preisabsprachen befassten. Die sollte ich »auf taugliches Material abchecken«, was hieß, sich durch hundert Seiten Verschleierung zu kämpfen, um ein einziges triftiges Argument zu finden, das für irgendeinen CEO bei Shell oder Exxon entlastend sein könnte. So ein Gutachten stammte von einem Professor aus Regensburg, das nächste von einem Professor aus Duisburg und war von unserer Kanzlei in Auftrag gegeben worden, um die Gerichte zu ermüden. Die mussten das ja angeblich bis zur Verhandlung alles gelesen haben, und Richter haben nun einmal nicht Heerscharen von Helfern – anders als wir. Ich kam also erst nach neun Uhr abends raus, hungrig, fühllos, und musste dann im Fahrstuhl noch das Angebot eines um zehn Jahre älteren Kollegen ablehnen, ihn in die nächste Cocktailbar zu begleiten. Insofern war Anton ein Glücksfall.

»Was machst du denn da den ganzen Tag lang?«, fragte er.

Und ich: »Und du?«

Anton hatte ein Biologiestudium abgebrochen, nach der Zwischenprüfung, und sich dann für Ethnologie eingeschrieben. Es war eine Studienreise in den Kongo herausgesprungen, bei der ihm dieses aufgefallen war: »Die Afrikaner scheinen nicht zu wissen, dass sie in einem Paradies leben.« Binnen Wochen hatte er sich zum Experten für die zentralafrikanische Tierwelt ausgebildet. Die erste Kampagne, der er sich in Hamburg angeschlossen hatte, war gegen die Zucht von Viktoriabarschen gerichtet gewesen, »Massentierhaltung unter unwürdigen Bedingungen, nur eben im Wasser, damit wir im Supermarkt ein Filet für einsfünfundzwanzig erwerben können« – im Jahr zuvor war der Euro eingeführt worden –, und er, im dritten Semester, reichte eine Arbeit ein, die er mit dem bissigen Kommentar zurückbekam, es handele sich dabei nicht um »eine fachliche Observation indigener Lebensbedingungen, was diese Semesterarbeit – nach unserer gemeinsamen (und aus Drittmitteln finanzierten) Reise – aber leisten sollte«. Die letzte Seite seiner Arbeit mit dem handschriftlichen Kommentar des Professors hatte er sich mit zwei Tesastreifen an die beige lackierte Wand seiner Altonaer Küche geheftet. Dies war sein Beweis, dass ein korruptes System ihn ausgestoßen hatte, und zu diesem System gehörten sämtliche Hochschullehrer mit halblangen Haaren, »die nur sehen, was sie sehen wollen, und das ist im Sinne der französischen Ethnologie seit neunzehnhundertdreißig vor allem sich selbst. Die sogenannte Reflexion eines Forschers, die nichts als eitle Selbstbespiegelung zu spät gekommener Kolonialisten darstellt.«

Ich dann: »Aha. Weißt du was, ich finde, du solltest besseres Olivenöl kaufen. Das schmeckt irgendwie nach nichts.«

Er ließ sich treiben, las viel, wenn auch völlig einseitig, arbeitete gelegentlich Nachtschichten im Containerhafen und fand im Sommer durch einen Zufall Beschäftigung bei einer Druckerei in der Nachbarschaft. Er ging mittags für zwei Stunden hin und abends noch einmal. Qualitätskontrolle kam seinem Naturell entgegen, denn dafür brauchte man ein scharfes Auge. Er konnte den Druckern auf den Kopf zu sagen, was sie falsch gemacht hatten. Er konnte sich genau ausdrücken, solange es nur mündlich war – dass er nichts von dem korrekt hätte aufschreiben können, war dem Betrieb egal oder gar nicht bekannt.

Was er selbst für seine Geschichte hielt, hatte er mir in der Nacht im Heide-Motel erzählt. Er stammte aus einem nordhessischen Dorf und konnte sich an seinen Vater, der »irgendwie abgehauen« und nie wiederaufgetaucht war, nur schemenhaft erinnern. Als er acht Jahre alt war, heiratete seine Mutter, aus seiner Sicht »ganz plötzlich«, einen Polier, der ihn schlug. »Nichts Schlimmes, nicht blutig, nichts, was man sah. Gerade so, dass du gedemütigt bist, ins Gesicht, so ganz lässig, und immer dann, wenn meine Mutter nicht da war.« Die Ehe endete zwei Jahre später in Scheidung, und der dritte Mann war »wacker und loyal, nicht direkt liebevoll, aber immer okay«; doch wollten die Wunden nicht heilen. Ein Versuch mit dreizehn, sich im

Wald zu erhängen, war fehlgeschlagen; die Spuren wurden unter einem Rollkragenpulli versteckt.

»Bin ich die Erste, der du das erzählst?«, hatte ich ihn in jener Nacht gefragt.

»Ja, wieso?«, war seine Antwort. »Wem hätte ich das auch erzählen sollen. Meinen Freunden?«

»Wer waren deine Freunde?«

»Keine, damals.«

Vorhang auf und Vorhang zu, ein männliches Prinzip, wie ich glaube herausgefunden zu haben. Hier etwas von sich zeigen; dort ein Blick in den Schoß der Familie; das Eingeständnis eines Fehlers am Arbeitsplatz: Genreszenen für das Herz der Zuhörerin, und im Zweifelsfall, drauf angesprochen, können sie sich gar nicht erinnern. »Ja, hab ich das gesagt? Nein, so war das eigentlich *nicht*.« Die Vorhänge sind doppelt und dreifach, manchmal werden sie aufgezurrt, und man darf tiefer blicken, und dann ist die Show schon wieder vorbei, die Vorhänge geschlossen. Vielleicht nächstes Jahr mal wieder!

Anton lebte im Stadtviertel und in der Gegenwart. Mir kam in der Zeit, als alles noch neu war, die Idee, dass er sich Tieren zugewandt hatte, weil sie keine Vorstellung von Geschichte haben, weder individuell noch kollektiv. Ich glaubte damals sogar, seine afrikanische Reise wäre seine einzige Erfahrung im Ausland gewesen – der ultimative Beweis, dass alles überall gleich schlecht sei –, aber schließlich kam heraus, dass er ein ganzes Jahr im Königreich Bhutan verbracht hatte, das nur wenige Helfer aus dem Westen überhaupt reinließ, und drei Monate in Kanada, das er zunächst als Tourist bereist hatte. In Ottawa hatte er sich von Gegnern der Robbenjagd anwerben lassen, und eine Woche später fand er sich am Arktisrand wieder. Sogleich war ihm der Riss aufgefallen, der durch die Gruppe ging – für die einen war die Aufmerksamkeit der Medien zu bekommen das eigentliche Ziel, die anderen begaben sich in eine direkte Konfrontation mit den Inuit, die Robbenjäger waren, jedenfalls dort und zu jener Zeit. Er war damals vorsichtig geblieben. Und doch wurde ein Mann zu seinem Helden, der eine militante Gruppe anführte, die sich vor die Robben warf, um die Tötungen zu verhindern, ohne Schaden und mit Erfolg. Der Mann hieß Watson, hatte bei Greenpeace begonnen, aber bald danach mit denen gebrochen, weil sie sich für Robben nicht wirklich interessierten. Erst durch Anton begriff ich, dass Greenpeace keinen Tierschutz betreibt. Tierschützer, verriet er mir, »finden das Thema Klima abgehoben«, etwas für Besserverdienende. »Die fliegen in Scharen zu Konferenzen auf anderen Kontinenten.« Waren also Pharisäer.

Während er bis zum Erwischtwerden in Cloppenburg Amateur gewesen war, bekam er nach dem Freispruch, gleich in der Woche darauf, von Vier Pfoten eine Halbtagsstelle angeboten. Er sollte zu Massentierhaltung recherchieren, nicht nur in Norddeutschland, auch in Polen, Holland und Dänemark Einsätze vorbereiten, Fotografen briefen. Genau diese Sorte von Abenteuer hatte er gesucht. Er wurde sicherer, bestimmter, fühlte sich nicht mehr als Drop-out, und die vier Semester Biologie hatten auch nicht geschadet. Er überredete sein Büro, ein Dutzend Verbandszeitschriften zu bestellen, für Landwirte, Züchter und Jäger, weil er »kapieren wollte, wie die ticken und ob sie sich nicht sogar selbst verraten« – was stimmte, es wimmelte vor Klarnamen. Er hatte nur eine gewisse Mühe, sie korrekt zu listen, aber das galt wohl als Zeichen seiner Nähe zur Natur.

Bei Voß Schneider kam es nicht so gut an, dass ich mich

»sozial entzog«, wie der Kollege, der mir – glaube ich – nachstellte, es süffisant am Mittagstisch erwähnte. Wie man die Mittagsroutine vermeiden konnte, hatte ich noch nicht herausgefunden. Wir waren unter dreizehn Anwälten nur zwei Frauen, und die andere war fast sechzig. Ich wurde das Gefühl nicht los, ich sei Gesprächsstoff in Abwesenheit, mir werde unnötig geschmeichelt, ich werde zu oft wie zufällig berührt – was mich dazu brachte, seltener bei Kollegen Rat zu suchen, als es notwendig gewesen wäre.

Anton war das Gegenteil, selbstsüchtig und schroff, aber der Platz, den er mir als Besucherin ließ, fühlte sich riesig an. Man musste ihn regelrecht anstupsen, um ihn ins Bett zu bekommen, wo er jungenhaft blieb, alles andere als raffiniert, aber das passte zu seiner physischen Stärke. Ich hatte, bis ich siebenundzwanzig war, nicht mehr als fünf Männer ausprobiert. Na ja, vielleicht acht. Er war eine Ausnahme insofern, als er keinen Plan, keine Methode und keine Vorlieben hatte, außer einer gewissen Art des Hinsehens. So simpel beglotzt zu werden war damals für mich neu. Es war ein Leben in Spaltung, das ich zu führen begann, denn ich hielt die Liebschaft mit ihm geheim. Es hätte meine Lage in der Kanzlei gewiss verbessert, eine feste Bindung zu haben – statt angeblich keine –, aber es wäre nicht akzeptabel gewesen, ihn niemals herzuzeigen. Das sind die ungeschriebenen Regeln der hanseatischen Stadtgesellschaft.

In unserem ersten Frühjahr fragte ich ihn, etwas schüchtern, ob er mit mir rausfahren würde in den Wald.

»In welchen Wald?«

»Wo einer ist … Ratzeburg, Mölln?«

»Um was zu tun?«

Dies war mein Ritual geworden, etwas, das ich als Studentin entdeckt hatte. Pauken konnte man auch im Bummelzug, aber das Eintauchen in die Waldlandschaft, das Federn des Bodens, das kristalline Licht da draußen, das sickerte in einen ein und trug einen durch die Woche. Ich war bereit, das mit Anton zu teilen, aber sein Interesse war lauwarm. Schließlich kam er doch mit, enttäuscht, dass wir keinen Mietwagen nahmen, sondern den Zug. Das tat man wohl aus Prinzip nicht als Robin-Hood-der-Putenställe. Es war jetzt schon Juni und der Wald voller Leben. Es gab Rotschwänzchen und Meisen und Spechte; drei Rehe traten vor uns die Flucht an, aber nicht, ohne für einige Sekunden wie fotografiert zu verharren; auf dem Rückweg roch es nach Wildschweinen. Das Grün war herausgeschossen und bewegte sich wie reine Farbe im Wind, und unser Bad im Ratzeburger See fand unter Beobachtung einer feindseligen Schwanenfamilie statt. Anton war mitgekommen und mitgelaufen. Er hatte für mich eine Rohrdommel identifiziert und mir den Unterschied von Reh- und Damwild erklärt. Aber das Eintauchen in diesen Dschungel von Zeichen schien ihm nichts zu bedeuten. Für ihn gehörte der Wald durchgedrehten adligen Großgrundbesitzern und deren Jägern, und was man mit eigenen Augen sah, waren die traurigen Reste einer geknechteten Natur, ein Surrogat für die Müden der Wohlstandsgesellschaft wie mich. Das erklärte er mir ausführlich auf dem Rückweg. Ich hatte dieses eine Mal kein Buch dabei. Danach war ich weniger oft draußen, aber immer allein.

Gewiss planen fast alle Frauen Mitte zwanzig ihre Zukunft, etwas konkreter als Männer, glaube ich, und ängstlicher auch. Anton aber war ganz klar nicht die Zukunft. Nicht einmal für sich selbst machte er Pläne. Er lebte, mit einer gewissen Erregung, auf einer animierten Landkarte der Tierquälerei in Europa. Sehr wohl hatte er begriffen, dass ich mich nicht würde einsperren lassen in den Käfig dieser Vorstellungen. So dreist, wie er mich ansah, wenn ich nackt war, so forsch sah ich in seine Seele. Sehr interessiert, aber ohne zu einem Schluss zu kommen.

Drei Jahre waren so vergangen. Ich war bei Voß Schneider doch noch Spezialistin geworden – für Vermögensfragen im europäischen Kontext. Stellte sich heraus, ich war unter den Kollegen die Einzige, die überhaupt auf Französisch korrespondieren konnte. Den Sommerurlaub verbrachte ich bei einem Cousin in der Bretagne, den Wirtschaftsteil von *Le Monde* und *Le Figaro* lesend, um dranzubleiben, mit Fachwörterbuch.

Wir waren nicht das, was man ein Paar nennt. Wir wohnten nicht zusammen, man sah uns nicht in Restaurants, wir fuhren nicht gemeinsam in Urlaub. Bis er vorschlug, ihn für acht Tage nach Albanien zu begleiten. Ich fragte ihn, ob das Teil einer Expedition oder einer Kampagne sei, was er beides verneinte. Als ich herausfand, was er vorhatte, waren die Flüge schon gebucht. Er wollte eine Reise durch die Touristenstädte machen und alle oder jedenfalls viele der Restaurants ausfindig machen, die sich zur Freude ihrer Kundschaft Braunbären in Käfigen hielten.

»Und wir, wir sitzen dann in diesen Restaurants und gucken aufs Meer raus, während hinter uns der arme Bär an den Gitterstäben rüttelt?«

»Ach was, das mit den Bären ist doch nicht der Standard. Ich hole mir im Restaurant eine Karte ab, Visitenkarte oder Speisekarte, das kommt in die Mappe, und dann ziehen wir weiter.«

Das Land hatte das mediterrane Leuchten. Ausgespart vom jugoslawischen Krieg, war es ein kleines Ersatzitalien auf der Ostseite der Adria, sogar für Italiener, die in

Scharen von Bari mit Schiffen kamen, alles getrimmt auf Pizza und Espresso. Wir wurden, was Anton mir aber erst nach der Landung steckte, am Flughafen von einem einheimischen Begleiter abgeholt, der die Verhältnisse kannte, so gut kannte, dass ich mich fragte, warum es die Bärenliste nicht bereits gab. Es war auch nicht so, wie Anton es skizziert hatte. Die beiden verschwanden in diesen Restaurants auf eine lange Tasse Kaffee und brachten eine genaue Beschreibung des Bären und seiner spezifischen bedauerlichen Lebensverhältnisse mit; meistens auch seinen Namen. Einige, stellte sich heraus, hatten keinen.

Wir bewegten uns mit einem kleinen, keuchenden Opel, dem die hintere Stoßstange fehlte, südwärts die Küste entlang. Dies war noch lange nicht die gelackte europäische Freizeitwelt. Männer saßen auf Hockern an Tankstellen – und rauchten! –, und wenn man ausstieg, trafen einen harte, prüfende Blicke, bisweilen. In den Dörfern an der Landstraße bettelten Kinder, unwirsch auf Distanz gehalten von den Besitzern der Cafés, die um ihr Geschäft fürchteten. Anton schien das gar nicht zu sehen. Sein Herz aber wurde weich, wenn er einen herrenlosen Hund sah. Dazu gab es reichlich Gelegenheit, und bald hatte er eine Kühlbox mit Fleischresten vom Metzger dabei, so dass jeder streunende Hund zwischen Tirana und Saranda in dieser Woche zweimal gefüttert wurde, auf dem Hin- und auf dem Rückweg. Wir mussten für sie anhalten und Station machen – die Hundeversorgung nahm bei weitem mehr Zeit in Anspruch als die Bärenrecherche. Aber es war nicht das, was mich wunderte, sondern Antons völlige Blindheit für die Lage der Menschen. Ich dachte in dieser Woche zum ersten Mal ernsthaft über Adoption nach; aber ich sagte ihm kein Wort davon. Er studierte seine Bärenmappe auf dem Rückflug, nummerierte die Bärenhalter und trug ihre Position in eine Landkarte ein. Für ihn war die Reise ein Erfolg gewesen.

Ich war, zugegeben, berechnend darin, dass ich ihn nicht gleich verließ. Es ist einfach ein Unterschied, wenn man am Montag gut sortiert sein will, ruhig und überlegt, bis zu einem gewissen Grad auch unangreifbar, ob man es am Sonntag wüst getrieben hat oder nicht. Weniger fürchtete ich die Einsamkeit als den Gefühlsstau. Es war meine Geheimwaffe, mein Unterpfand, meine Reserve, dieses Gebumstweiden bis zum Blödwerden, durchgespült, absolutes Schwarz im Kopf. Danach die Heldengefühle, immer wieder, nie war es schal geworden oder gar schiefgegangen.

Bei Voß Schneider stand viel Arbeit an durch die Verwüstung der Finanzmärkte. Man möchte ja meinen, dass man um Vermögen, die nicht mehr existieren, vor Gericht nicht streiten könne. Das Gegenteil ist der Fall. Jetzt war ich sogar manchmal die Letzte im Büro; alle dachten, ich wäre Single. Wenn ich mit der Arbeit durch war, ging ich zur Entspannung auf die Website von Vier Pfoten. Der Vermummte im Stall, mit Funkgerät, Stirnlampe im Helm, Webcam und Tageszeitung – zum Nachweis des Datums, wie bei einer Entführung –, jetzt ganz in Schwarz, das war Anton Wilhelm; mal in Polen, dann in Finnland, auch wieder bei Cloppenburg. Einen Reststolz gab es da auf diesen entschlossenen Mann. Aber ich war dabei, kalt zu werden.

Er war anfangs manchmal zu mir gekommen, eine Neubauwohnung oberhalb der Reeperbahn. Aber er mochte das natürlich nicht, die weißen Fliesen im Küchen- und Essbereich, die Schrankwand mit ihren gleitenden Türen, das große Hafenbild von Lumas über dem holländischen

173

Sofa auf Edelstahlkufen. Eigentlich war mir sein staubiges Chaos auch lieber, aber man kann das nicht absichtlich herstellen. Und es wäre sehr schwer zu beseitigen, wenn man mal Leute einlud, eine Option, die ich nicht völlig ausschließen wollte, auch wenn es schon lange nicht mehr vorgekommen war.

Im November waren sie in Dänemark in Nerzkäfige eingedrungen und hatten die Bilder schon gegen Morgen online gestellt. Anton wollte mir das »unbedingt zeigen«, und so machte ich eine Ausnahme und traf ihn, er hatte dunkle Ringe unter den Augen, in einem Stehcafé nicht weit vom Rathaus. Er war aufgerieben von dem, was er gesehen hatte, ohne Zweifel, und was er über die Tiere zu sagen wusste, eingesperrt in ihren Fäkalien, war noch wirksamer als die Bilder – die man sich ohnehin kaum angucken konnte, weil sie einen so sehr ekelten. Aber es gab nichts, was unser Treffen wirklich notwendig erscheinen ließ. Das war ein Dienstag. Am Mittwochmorgen rief er mich am Arbeitsplatz an und brauchte mehr als nur juristische Hilfe. Er brauchte ein Alibi.

In der Nacht zu Mittwoch waren die dänischen Nerzställe geöffnet und Hunderte von Nagern freigesetzt worden. Vier Pfoten wies recht überzeugend die Verantwortung von sich: Es gehöre schlichtweg nicht zu ihren Mitteln, so etwas zu tun, aber wenn Aktivisten die Zustände in den Ställen als tierquälerisch empfänden und deshalb handeln würden, läge die Verantwortung nicht bei denen, die diese Zustände abbildeten, sondern bei denen, die Tiere auf diese Weise hielten.

Es war allerdings ein Hamburger Auto gesehen worden, ein Mazda, der am Dienstagnachmittag gebraucht für tausend Euro gekauft und dem Käufer, der gut deutsch sprach und dem man vertraute, zur Ummeldung mitgegeben worden war. Er hatte Blankoverträge vom ADAC dabeigehabt, alles seriös; seinen Personalausweis hatten sich die Verkäufer nicht einmal zeigen lassen. Der hatte auf dem Papier nicht Anton Wilhelm geheißen und einen Bart getragen, aber der Rest der Beschreibung passte. Die Polizei war wahrscheinlich seit Cloppenburg auf seiner Spur.

Ich haderte sehr mit mir, fragte ihn – um den Berufskonflikt zu vermeiden – nicht nach der Wahrheit und kam mit ihm so überein: Wir hatten am Dienstag zusammen gekocht und gegessen, ein Brettspiel gespielt, etwas Privates getan, noch eine Weile herumgelegen, und ich hatte mich gegen Mitternacht verabschiedet. Nein, konkreter: Spaghetti mit Tomatensoße gekocht – frische Spanientomaten von Rewe, ja, auf Knoblauch – zehn oder zwölf Runden Go gespielt, Sex gehabt und uns gegen halb ein Uhr nachts getrennt. Das übten wir ein, mit weiteren Details. Sogar wie wir es miteinander gemacht hatten, wurde für den Fall eines ernsthaften Verhörs festgelegt.

Damit hatte er sein Alibi für Dänemark, denn das Auto war kurz nach zwei Uhr nachts in der Ortschaft gesehen worden, und das war von Hamburg selbst bei schnellster Fahrt nicht zu schaffen. Ich legte ihm nah, dass ich als Juristin enorm was riskierte, aber wahrscheinlich durch die Kanzlei genug Autorität hätte, das Alibi glaubhaft wirken zu lassen. Nur wenn es hart auf hart käme, erklärte ich ihm, würde ich keinen Eid drauf schwören. Ein Meineid wäre für mich das berufliche Aus. Dieses Risiko nahm er hin.

Merkwürdigerweise kam es nicht zu einer Gegenüberstellung wegen des Autokaufs. Der Wagen, in Hamburg aufgefunden, wurde den Verkäufern zurückgegeben, die dankend abwinkten, bitte jetzt nicht noch weitere Komplikationen – also als Zeugen der Polizei ausfielen. So ging das Alibi durch und der Fall wurde, zumindest auf der deutschen Seite, nicht weiterverfolgt.

Danach war es gänzlich mit uns aus. Mein schönes Doppelleben haute nicht mehr hin. Ich fühlte mich von ihm nicht mehr gereinigt, sondern auf einmal beschmutzt. Er merkte das natürlich, aber es war ganz unwahrscheinlich, dass wir das ändern konnten. Es hatte zu Zeiten des Glücks keine Worte dafür gegeben, und jetzt gab es auch keine. Während wir noch auf dem Bett lagen, erschöpft, sprach er über misshandelte Tiere. Das war neu, und ein gutes Zeichen war es nicht.

Mein Cousin zögerte etwas, als ich mich für Weihnachten bei ihm anmeldete, aber seine Familie zeigte sich wieder warmherzig und großzügig. Ich kaufte mir einen Neoprenanzug und schwamm mitten im Winter im Atlantik. Es wäre gut gewesen, mit jemandem zu reden. Aber ich hatte mir diese Fassade zugelegt. Alle dachten, ich wäre seit Jahren allein, und mein angeblicher beruflicher Ehrgeiz galt als Grund dafür. Ich lieh mir das Familienauto, einen Fiat-Bus mit einer übertrieben großen Windschutzscheibe, machte die Einkäufe für alle, lieferte diese ab und fuhr dann erneut raus, »auf Tour«, in die Dämmerung hinein, entlegene Küstenstreifen suchend bei Dunkelheit, obwohl es am Meer nie ganz dunkel wird. Bei Saint-Mathieu – die gewaltige Ruine einer Abtei – standen Autos in der Nähe des Leuchtturms, eine Gruppe auf der Treppe zur Eingangstür. Ich fragte, ob ich mich anschließen dürfte – »Mais oui, Mademoiselle« –, und machte die Führung mit, nichts für Leute mit Platzangst, alles ganz eng, eisern und kalt. So traf ich Leonhard.

Wir waren nicht nur beide Juristen und aus Hamburg,

nein, wir machten auch beide Urlaub im Kreis der er-
weiterten Familie und von uns selbst. Es war der zweite
Januar. Wir hatten noch drei Tage in der Bretagne und
waren auf denselben Rückflug gebucht. Sein Ferienhaus
lag zehn Kilometer entfernt von unserem. Wir verabredeten uns in einem Restaurant in Concarneau und für den
nächsten Abend wieder. Am dritten Tag fuhren wir mit
seinem gemieteten Citroën nach Brest und blieben bis in
den Abend. An einer schmalen Landstraße stand rechts ein
Haus, und von links lief ihm, aus dem Nichts, eine Katze
ins Vorderrad. Er bremste. Wir sahen das arme Vieh mit
zuckendem Schwanz auf der Straße liegen. Leonhard war
sehr bedrückt, bis zu unserem Abschied.

Er stammte aus einer konservativen Kaufmannsfamilie.
Mit seinem Einser-Staatsexamen und seinem Namen hatte
er sogleich eine Anstellung in Hamburg gefunden und
sich alsbald in eine Klientin verliebt, die soeben engagierte
Sprecherin einer Stiftung. Man hatte das komplette Spiel
gespielt, die gegenseitige Vorstellung bei den Familien, ge-
setzte Essen, Besuche in der Staatsoper; und ein Jahr zuvor
die Verlobung geschlossen. Nun gut, sie war Katholikin, das
war eine Komplikation, fünfundzwanzig Jahre alt, Jung-
frau:

»Aber nicht das Sternzeichen!«, rief er.

Wir gackerten und bekamen interessierte Blicke vom
Kellner, der nichts verstand.

»Und dann … – Und dann gar nichts. Wir waren im
Sommer zwei Wochen hier in der Gegend, sogar in diesem
Restaurant. Plötzlich sah ich dieses nette Mädchen vor mir,
du weißt ja, diese Hamburgerinnen, echte Rassepferde.
Du könntest auf so eine wetten: robust, tüchtig, selbst-
bewusst, gestriegelt. Sie würde in zehn Jahren zwei Fehler

machen, eine Beule ins Auto fahren und auf dem Weg zu einer Einladung den Blumenstrauß im Taxi liegenlassen. Verstehst du?«

»Natürlich verstehe ich«, sagte ich und sah ihn dabei betont ruhig an. Ich wusste, ich durfte jetzt keinen Witz auf seine Kosten machen.

»So würde das kommen, drei Kinder in fünf Jahren, Wohnung in der Isestraße, die Tissot-Uhr für mich zu Weihnachten. Und du musst bedenken, wir haben uns geliebt wie Vierzehnjährige, was für ein Krampf, so auf die Dauer. Die Vorstellung, dass ›das dann vorbei sein wird‹, hat sich meiner irgendwie negativ bemächtigt.«

»Du hast schlichtweg Angst gekriegt.«

»Das Irre war, als ich die Verlobung gelöst habe, hat sie nicht einmal eine Träne geweint. Oder ist das zu viel verlangt?«

»Und du?«

»Oh, ich habe geweint, total, aber erst als ich allein war. Außerdem habe ich mich sehr geschämt und weiß bis heute nicht so genau warum.«

»Vielleicht hat sie ja auch geweint, als sie allein war.«

»Vielleicht, ja.«

Nach einem Flug, der sich angefühlt hatte wie der erste überhaupt, gönnten wir uns in Hamburg einen Drink an der Flughafenbar. Über unseren Köpfen lief auf einem Bildschirm Infotainment, die Nachrichten dargeboten von einem gegelten Mittdreißiger mit hohlen Augen. Die letzte Meldung bezog sich auf einen weiteren Fall von Freilassungen in Dänemark, diesmal mehr als tausend Nerze, versehen mit der redaktionellen Ergänzung, dass »massenhaft aus der Gefangenschaft freigesetzte Tiere in freier Wildbahn nur geringe Überlebenschancen« hätten. Zu Hause eine

Nachricht auf dem Anrufbeantworter mit der in äußerster Neutralität vorgetragenen Frage, ob ich wisse, wo ein Anton Wilhelm sich aufhalte. Ich rief unter der Nummer der Kriminalpolizei zurück, aber erst am nächsten Morgen, und erklärte, nein, das wisse ich nicht und er sei auch nicht mehr mein Mandant. Das passte natürlich nicht zu dem Alibi, aber die peinliche Rückfrage blieb aus.

Anton schwebte drei Tage später von Finnland aus ein und wollte von einer Trennung nichts wissen, rief mehrmals in der Kanzlei an und lungerte abends vor meiner Tür herum. Ich nahm ihn mit um die Ecke in ein komplett von Männern dominiertes türkisches Teehaus. Er war durchaus verunsichert.

»Äh, ist das normal, ich meine, trinkst du hier deinen Tee?«

»Ja, immer.« Er sollte merken, dass etwas nicht stimmte, damit ihm klarwurde, dass nichts mehr stimmte. Ich fürchtete ihn nicht, nicht wirklich, aber sein Erscheinen löste auch nicht den Funken einer Sehnsucht aus. Nur, er gab nicht auf. Und Leonhard war den ganzen Monat in Copyrightfragen unterwegs – in China.

Spät im Januar kam mir eine Idee. Ich ließ mir bei einem Friseursalon in Wandsbek einen »modernen Haarschnitt« machen – mit Strähnchen –, kaufte mir fünf Zentimeter lange rosa Ohrclips und lieh mir einen Pelzmantel, ich glaube, es war Robbe. Ich sah jetzt aus wie eine Sekretärin im Karneval. Die Blicke, die ich in der Kanzlei bekam, waren nicht sehr angenehm. Anton ließ auf sich warten, aber am Freitagabend passte er mich vor dem Haus ab. Es gab diese Sekunde, in der er mich nicht erkannte, möglicherweise für eine Hure hielt, und als er wieder hochschaute – denn er war ja letztlich schüchtern –, machte es knacks, und es war vorbei. Er drehte wortlos ab, den Mund noch offen. Ich musste auch nicht zurück in seine Wohnung. Alles, was ich dort zurückgelassen hatte, waren eine Zahnbürste, eine halbvolle Packung Tampons und Mo Yans Roman *Frösche*. Den aber hatte ich mir schon neu gekauft.

Letzte Rettung

Er hatte nur gegrinst, als er beim Mostausschank in Main-
hardt als Neuzugezogener begrüßt wurde, mit dem Hin-
weis, man suche noch einen Mann für die Freiwillige
Feuerwehr in Tullau. Später, an einem Oktobertag – das
Vormittagslicht wie Scheinwerfer gegen den dunklen Himmel – war er auf der Durchfahrt in den Ortskern abge-
bogen, auf gut Glück oder wie man das nennt, und hatte
das Häuschen entdeckt, ein äußerst bescheidenes Gebäude
an einem Platz, der aussah wie die Miniatur eines Platzes,
eher die Idee eines Dorfkerns als seine Ausführung. Über
der Flügeltür, unter dem Giebel stand »Freiwillige Feuerwehr Tullau«. Da erst erreichte ihn das Wort »freiwillig«.
Er meldete sich sogleich auf der 112, was sich natürlich he-
rumsprach. Als er zur ersten Übung anrückte, warfen die
anderen sich Blicke zu.

  Männerrunden hatte er nicht nur nicht gesucht, er war
vor ihnen immer geflohen. Insofern war das Quintett von
Tullau für ihn etwas Neues. Wie auf dem Fußballplatz kam
Zivil nicht in Frage, er musste die sackige Uniform eines
Vorgängers anziehen. Es gab einen türkischen Schneider in
Hall, der das zu ändern wusste, und bei der zweiten Übung
sah er passabel aus. Die anderen Männer – ein Klempner,
ein Frührentner, ein Bausparversicherungsmann und der
Autoersatzteilhändler – gewöhnten sich an den Fremden,
»der Erschte, den mr nemme, wo schdudiert hätt«.

Alte Mühle war der zärtliche Ausdruck für einen gedrungenen Feuerwehrwagen von 1971, der mit Hingabe gepflegt wurde. Die erste Übungsfahrt führte nur bis zur Bundesstraße 19 und zurück, wurde aber von zweihundert Augen registriert wie der Ritt auf einem Elefanten. Frauen grüßten aus Gärten, die winterfest gemacht wurden. Die Übung war eine Collage aus Übereifer und Zeitvertreib; sehr gründliche Prophylaxe, dachte er. Das Gegenteil dessen, was er zehn Jahre lang betrieben hatte, die tägliche Löschung von Seelen- und Nervenkabelbränden. Nun vermisste er die Patienten, die er in Feuerbach zurückgelassen hatte, nur eine Autostunde entfernt, zusammen mit dem Rest seiner Familie.

Diese gewisse Versessenheit auf den Ernstfall, die pädagogische Hingabe seiner Kameraden, dass ihm kein Detail des Ablaufs entgehe, das gefiel ihm durchaus. An einem Samstag im November probte man das Löschen eines selbst gelegten Lagerhallenbrands und machte viel Aufhebens um die Beteiligung der Feuerwehr von Waldenburg, weil die aus dem Hohenlohekreis kam. Man hatte ausführlich besprechen müssen, ob die anderen dazukommen durften oder sogar mussten, und jetzt sprangen die mit ihren Silberhelmen aus dem brüllenden, nagelneuen Löschgruppenfahrzeug wie Außerirdische. Die Tullauer Freiwilligen wurden zu Befehlsempfängern, was sie einsahen, aber sie mochten das nicht. Dafür fand man am Montag, dem ersten Tag seines Abonnements, Bilder der großen Übung im *Haller Tagblatt*. Er erkannte sich, verlegen am Bildrand stehend, den verblichenen Helm in der Hand. Im Betrieb meldeten sich an diesem Tag ein Dutzend Leute beim Psychologen, nicht weil sie ihn brauchten, sondern um ihm zu sagen, dass sie ihn in der Zeitung gesehen hatten.

Es gab Brände hier und dort, aber noch waren die Freiwilligen von Tullau nicht gerufen worden. Kein Zweifel, die Vorstellung war magisch, Menschen unter Gefahr aus brennenden Häusern zu retten, wie bei der kuriosen Lagerhallenübung recht glaubhaft aufgeführt. Da hatte er eine junge Frau allein herausgetragen. So würde er in ihr Leben treten wollen, wer auch immer sie sein würde. Als Retter. Aber es war eben gespielt.

Er meldete sich zur Bereitschaft für den Heiligabend, den ersten und den zweiten Weihnachtstag und die Silvesternacht. Das erhöhte die Wahrscheinlichkeit des Einsatzes, und, noch besser, es war ein guter Vorwand, Pauline an diesen emotional befrachteten Tagen nicht begegnen zu müssen, der Elfjährigen, die diese mystisch verweinten Augen hatte, schon seit Mai. Seit sie es wusste. Beharrlich erklärte sie seitdem *Das doppelte Lottchen* zu ihrem Lieblingsbuch. Ein Jahr zuvor hatte sie es albern gefunden. Am Tag vor dem vierten Advent stand er in Feuerbach umsonst vor der Tür. Bärbel machte auf Unschuldsmiene: Pauline gab doch die Maria im Krippenspiel für die Senioren, wusste er das nicht? So lange hatte er keine Frau berührt, er war nahe dran, es ihr zu sagen.

Früher hat er nicht in Frauen und Männern gedacht. Das therapeutische Ziel war immer, und da war er sich mit Bärbel einig, die Klischees der eigenen Rolle zu überwinden. Merkwürdig eigentlich, dass man langfristig in das Leben anderer Menschen eingreifen konnte, ohne über sich selbst Auskunft zu geben. Die Auskunft war das Einfamilienhaus am Hang gewesen, Praxis im Souterrain, daneben die Garage: der Renault Nevada, dann der Passat, der Audi. Denen ging es gut und immer besser. Kombis, natürlich, Familie eben. Das dunkelblonde Mädchen mit den breiten

Wangenknochen: gerade, selbstsicher, aufmerksam, rätselhaft; kein Wunder, dass Mädchen Pferde so sehr mochten, weil sie ihnen glichen. Was für eine Freude Pauline damals war, ein Aushängeschild von Sorglosigkeit, und irgendwie musste darin das Verhängnis gelegen haben, dass man als Familie zum Idol der Patienten wurde, ohne es zu merken. Beschämt war er aus Haus und Praxis geflüchtet, aus Feuerbach, und hätte es Pauline nicht gegeben, er hätte Feuerbach vergessen wollen, als wäre es abgebrannt.

Er hatte, solange er mit Bärbel in einem Bett schlief, in Pauline immer das Kind gesehen und nicht das Mädchen; so etwas wie die ideale Mitte, das Pendel, das Lot. Kaum aber hatte er seine Sachen gepackt, zeigte sich an ihr der weibliche Körper, innerhalb von Wochen, als hätte seine Flucht die Verwandlung ausgelöst. Oder als hätte Bärbel dem Mädchen Östrogen gegeben, um es sich rasch ähnlich zu machen. Ganz ohne ihn würde bald allein die Weiblichkeit am Hang residieren als Symbol von Aufrichtigkeit, Beständigkeit und Häuslichkeit, und er, als Besucher, würde von alledem das Gegenteil sein. Der Schmutz der Männer war es, den er durch die Verehrung des Androgynen hatte von sich abhalten wollen. Es mussten diese Gedanken sein, der kalte Hohn des Klischees, das Pfeifen des Testosterons, die ihn zur Holzstraße hinuntertrieben, wo er den Parkautomaten für zwei Stunden speiste und sich mit schlechtem Gewissen die verfügbaren Frauen ansah, um schließlich in einem Keller gegenüber abzutauchen zwischen Tausenden morbide riechenden Vinylschallplatten. Das Glück der Käuflichkeit.

Diese Stimme, so fest wie eine Flagge im Wind, sollte man meiden zwischen Trennung und Scheidung. Auf dem zweiten Wort einer Zeile sich öffnend wie eine exotische

Blüte, männlich und weiblich zugleich. Die A-Seite war ausgelegt als klassische Parade des Sentiments – Verlassen, Verlassenwerden, Durchhalten, Bekennen. Aber die B-Seite pinselte, Song für Song, die Ruinen der Kernfamilie aus und zog einen Regenbogen drüber. Die Plattenspieler mit den Kopfhörern standen in der Holzstraße an der Kasse. Er wählte das *Joey*-Lied zuerst, musste es aber abbrechen. Tränen zur Pedal-steel-guitar, das würde ihm nicht passieren mitten in Stuttgart, und er war schon nahe dran.

Zwei Stunden später auf dem Dorf bei Hall, die Vorhänge geschlossen, hörte er die B-Seite dreimal und laut, beginnend mit dem Schmachten der immer verzeihenden Ehefrau und endend mit dem Bittgesang einer Fünftklässlerin, die nicht mehr zur Schule gehen will, weil sich die Abwesenheit ihres Vaters herumgesprochen hat. Wie Tammy Wynette das wohl machte, dass man beides zu hören meinte, die Stimme der Frau und die Stimme des Kindes – drübergelegt, druntergeschoben. Zwei Seiten derselben Münze. Und natürlich war es banal und betrügerisch, dachte er sich (mit einer Flasche Rotwein intus, die Tränen getrocknet), eine fiese Nummer, dieses *Joey*, als läge es in der Macht eines Kindes, die Enttäuschungen der Eltern beiseitezuwischen und den Vater wieder hinter die Krippe zu setzen, die ewige Staffage.

Am Sonntagnachmittag sprang der Pieper an. Er zog den Audi mit 130 über die Höhe am Einkorn und war dennoch der Letzte von dreien am Tullauer Feuerwehrhaus, die Flügeltüren schon offen und blockiert, die Alte Mühle ratterte im Leerlauf. Der Klempner am Steuer, der Ersatzteilhändler daneben am Handy; der Betriebspsychologe kam auf die harte Rückbank, fast ohne Fußraum. Es dämmerte, und die Straßen waren überfroren. Zuerst sah man einen

LKW, der auf der Landstraße quer stand wie ein Haus am Meer. Der Allradwagen tauchte erst auf, als der Klempner die Alte Mühle auf Schrittgeschwindigkeit runter hatte. Er lag kopfüber im Straßengraben. Das Dach war zusammengedrückt auf halbes Format, der Motor erloschen, aber das Nebelschlusslicht blendete in Grellviolett. Durch die zerfallenen Scheiben, das Restglas wie Tau, konnte man die Person berühren, unansprechbar, wimmernd in ihrem Blut. Man hörte das erst, als die Musik im Inneren des Wracks eine Kunstpause ließ, über dem Wimmern dann die Stimme der Sängerin allein: »but it keeps slipping my mind«, Schlussakkorde, Rauschen, Stille, und nur der Psychologe, dem die Knie wehtaten von der Fahrt, wusste, dass dies das Ende der A-Seite war, und wenn es eine Kassette wäre und diese weiterliefe, und wenn es so kam, wie er fürchtete, dann würde in wenigen Sekunden ein Glockenspiel ertönen oder eine Harfe, und die rauchig wehmütige Stimme würde singen: »The baby cries; I could almost die from lonesome …« Während die Polizisten und die Feuerwehrleute erregt berieten, was man tun sollte und konnte, das Auto heben oder versuchen, die Person durch das halbierte Fenster zu bergen, ertönte das Glockenspiel, und Tammy Wynettes Stimme stieg aus dem Wrack wie der Nikolaus als Transvestit.

Dies war die erste große Reise mit Bärbel gewesen: bis nach Nashville geflogen, Grand Ole Opry, und dann die anderen Musikorte Amerikas abgegrast, Graceland, French Quarter; 4.-Juli-Picknick in Austin. Den glühenden Highway 40 westwärts; im Gepäck Susan Sontags *Notes On Camp*; Bärbel behauptete, Camp hieße auf Deutsch »Glitter«. Townes van Zandt solo spielen gehört in einer texanischen Plüschbar. Dann die Musik hinter sich gelassen und plötzlich, ab Albuquerque, die Kondome gespart, so dass man sagen konnte, Pauline entstamme der Weite und der Stille des amerikanischen Westens. »Wieso Glitter«, fragte er hinter Las Vegas, »ist das nicht Englisch?«

Es waren inzwischen zehn Männer und ein Opfer, von dem sie nichts anderes wussten, als dass es zwischen Sitz und Lenkrad eingeklemmt war, »schwerverletzt«, wie sie in ihre Funkgeräte bellten, aber nicht einmal ob Mann oder Frau, wussten sie zu entscheiden. Da stand der blitzblanke Haller Krankenwagen, alle Maschinen zur Rettung eines Körpers an Bord, aber der Tullauer Feuerwehr fehlten hydraulische Scheren. Die B 19 von quer gestellten Polizeiautos beidseitig abgeriegelt, die Szene grell vom Dunkel getrennt durch die Weißphasen der Blaulichter, die Gesichter der Helfer wie aus Marmor geschlagen.

Der Neue, wo schdudiert hätt', stand mitten auf der Landstraße. Noch merkte niemand, dass er nicht zu gebrauchen war, weil alle damit beschäftigt waren, ihr Warten zu kaschieren. Aber sieben Minuten später, als die Waldenburger Feuerwehr eintraf, aus dem Allradwagen tönte *Joey*, begann er zu weinen, Tränen wie Lametta, da musste ihn schon jemand stützen, damit er nicht zusammensank. Wie ein Weib am Grab, dachte der Retter an seiner Seite, der tagsüber Autoteile verkaufte.

Die B-Seite lief weiter – *If I Were A Little Girl* und *Don't Make Me Go To School* – und endete in Rauschen. Man hatte den Neuen schon vom Unfallort fortgebracht, als die Feuerwehrleute von Waldenburg mit Iso-Handschuhen das Segment des Wagens steil heraushoben, das sie mit ihren Scheren gelöst hatten. Sie bargen einen Körper, der die Beine verloren hatte, Beine, die man nicht fand, aber sobald er auf der Trage lag, rief der Notarzt entnervt und ohne sich des Fachvokabulars zu entsinnen, dass es ein Zwerg wäre und dass es knapp werden würde. Er meinte die Spanne zwischen Leben und Tod. Im Auto machte es klick-klick, und der Klempner aus Tullau stürzte sich ins Wrack – »Sometimes it's hard to be a woman, giving your love to just one …« – und stoppte die Kassette, eine heroische Tat, weil er sich dabei an der scharfen Kante der Karosserie den Oberschenkel blutig schnitt.

Inhalt